Tracy Leddy
Das Lied allen Seins

Tracy Leddy

Das Lied allen Seins

Zwölf Märchen vom Erwachen der Seele

Edition Naam

Titel der englischen Originalausgabe:
«The Song of Everything»
Herausgegeben von
The Sant Bani Press, Tilton, N.H./USA, 1975.
Die deutsche Übersetzung und Herausgabe erfolgt
mit freundlicher Genehmigung der Autorin

2. Auflage

Umschlag: Heide Birkelbach, Wangen
Printed in Germany

ISBN-Nr. 3-930103-01-X

Inhalt

Vorwort

Märchen sind Träume, die wir uns erzählen, wenn wir uns fürchten. Aber indem wir sie erzählen, werden diese Märchen zu Botschaften, die unsere Furcht von uns nehmen. Sie rufen die Gestalten an, die in unserem Unbewußten wohnen und uns heimsuchen, in Träumen, in Phasen des Umbruchs oder in besonderen Situationen seelischen Erwachens. Märchen lehren uns, daß diese inneren Gestalten zu uns gehören und daß sie bei uns anklopfen, um verwandelt zu werden. Da gibt es den Mann, der ein mühevolles und fleißiges Leben führt und eines Morgens nicht mehr aufstehen kann. Da ist die Nachbarsfrau, die, sobald sie den Mund öffnet, stets Schlechtes über andere sagen muß. Die Prinzessin, die ihr Gesicht auf einmal in einer Pfütze entdeckt. Doch da sind stets auch die Helfer, die uns in diesen Situationen begleiten. Der Schlangenbeschwörer, der seine Flöte so süß spielt, daß die Schlangen aus dem Mund der Nachbarsfrau in seine Tasche springen. Der gütige Alte, der die Oberfläche der Pfütze immer wieder berührt, sodaß ein weiteres Gesicht gesehen werden kann, bis alle alten Gesichter der Habgier, Wut und Eitelkeit abgefallen sind und das wahre Antlitz erscheint.

Tracy Leddy gelingt das Kunststück, nicht nur hinreißend Märchen zu erzählen, sondern auch zugleich die spirituelle Dimension der Märchen sichtbar werden zu lassen. Das «Lied allen Seins» löst uns die Zunge und es erlöst uns, indem wir einstimmen, von unserer Einsamkeit und unseren Schatten.

Tracy Leddy, geboren 1940 in Boston, wurde 1969 von Sant Kirpal Singh, in dessen Ashram sie längere Zeit verbrachte, initiiert. Sie lebt heute mit ihrem Mann und zwei Kindern in Charlottesville, USA.

Volker Erbes

Das Lied allen Seins

Es war einmal ein armer Mann; der verdiente seinen Lebensunterhalt damit, Waren zu transportieren, die er von seinem Dorf am Fuß des Berges zu einem anderen Dorf am Gipfel des Berges trug. Einmal transportierte er eine Ladung Korn oder Weizen, ein anderes Mal einen Korb Ziegel und dann wieder Pakete mit Nägeln oder Tee. Fast nichts gab es, das er nicht schon getragen hatte. Es machte ihm auch nichts aus, denn er hatte einen starken Rücken und eine gute Frau, die sich um ihn sorgte.

Eines Morgens wachte der Mann auf und wollte sich wie üblich für seine Reise fertigmachen. Er stand auf, um für seinen Morgentee Feuer zu machen, doch noch ehe er den ersten Schritt tun konnte, fiel er unter Stöhnen flach auf seinen Rücken. Noch nie in seinem ganzen Leben hatte er sich so schwach gefühlt. Es schien ihm, als drückten ihn riesige Lasten nieder, schwerer als all das, was er jemals getragen hatte.

Da rief er seine Frau, sie möge ihm helfen, die Last von seiner Schulter zu nehmen. Er seufzte: «Ich kann nicht aufstehen, kaum bewegen kann ich mich!» Seine Frau kam vom Ofen gelaufen und trocknete sich ihre Hände an der Schürze ab. «Wovon sprichst du, Mann», fragte sie, «es ist nichts auf deiner Schulter zu sehen? Du mußt aufstehen und ins Dorf gehen, wir brauchen Brennholz und Öl für das Mittagessen.» Der Mann kämpfte mit all seiner Kraft, um vom Bett aufzukommen, aber es ging einfach nicht. Wieder bat er seine Frau um Hilfe. Sie gab ihm ihre Hände und zog und zog an seinen. Aber als er sich immer noch nicht bewegen konnte, zuckte sie mit den Schultern und ging zurück an ihre Arbeit. Sie war verwirrt über das eigenartige Verhalten ihres guten Mannes. Dann kamen seine beiden starken Söhne; auch sie zogen und zogen, konnten jedoch nichts erreichen.

Die Nachricht von seiner seltsamen Krankheit ging rasch durch das kleine Dorf, und es dauerte nicht lange, bis einige seiner Freunde an seine Tür kamen, um ihn anzuschauen. Sie tuschelten miteinander, als sie ihn so hilflos und bestürzt liegen sahen und spotteten dann: «Seht ihn an! Wie kann so ein kräftiger Kerl plötzlich so schwach werden! Der mag wohl nicht mehr arbeiten, was?», und gingen fort. Auf das Drängen seiner Frau kam der Dorfarzt, um ihn zu untersuchen. Er tastete den Mann überall ab, schaute in seine Augen, seine Ohren und seinen Mund, dann hüstelte er und meinte, daß alles in Ordnung sei.

Es vergingen Wochen, und der Zustand des Mannes änderte sich nicht. Jeden Tag bemühte er sich aufzustehen, doch er fiel immer wieder zurück, erschöpft und stöhnend unter der Last, die er auf seinen Schultern fühlte. Mehr und mehr Leute aus dem Dorf begannen, sich über ihn lustig zu machen. Allmählich vernachlässigte ihn auch seine Frau und gab ihm kaum noch genug zu essen. In seiner großen Verzweiflung bat der Mann seine Söhne, sein Bett auf ein benachbartes Feld hinauszutragen, damit er wenigstens in Frieden dort sterben könne. Einige Tage später stöhnte er noch immer unter seiner unsichtbaren Last, als über das Feld ein singendes Kind kam. Der Mann lauschte und lauschte. Noch nie hatte er solche Musik gehört. Sie ließ den Himmel blauer und das Gras grüner und die Hitze der Sonne wie eine sanfte Umarmung erscheinen. Sie machte ihn glücklich. Ja, sie ließ ihn seine schwere Last vergessen. Als das Kind langsam auf ihn zukam, hob der Mann unter großer Mühe den Kopf, um es anzuschauen. Nie hatte er ein schöneres Gesicht gesehen; nie hatte er Augen gesehen, die so voll Freude strahlten. Das Lied strömte aus dem Kind wie sein Atem, nie endend, sich stetig verändernd, bis es dem Mann so vorkam, als sei das Kind das Lied selbst. «Was ist das für eine Musik, die du mir bringst, kleiner Bruder?» fragte der Mann sanft, «ich habe nie zuvor so etwas Schönes gehört.»

«Mein Lied ist das Lied allen Seins», antwortete das Kind und fügte liebevoll hinzu: «Soll ich es dir beibringen?»

«O ja», bat der Mann, «denn wenn ich es singen könnte, und wäre es nur ein kleiner Teil davon, dann glaube ich, könnte ich trotz meiner großen Last in Frieden sterben.»

Das Kind lächelte den Mann an und sagte gütig: «Mein Lied wird dir nicht helfen zu sterben, Bruder, es wird dir gewiß helfen zu leben.» Und sofort begann es, dem Mann sein Lied beizubringen.

Viele Tage lang blieb der Mann in seinem Bett auf dem Feld und lernte das Lied des Kindes. Und als die Musik immer tiefer in sein Herz eindrang, schien es, als wäre die Luft um sie angefüllt mit den lieblichsten Klängen, mit Harfen, Hörnern, Flöten, Trompeten und Trommeln. Schließlich begann der Mann zögernd selbst zu singen. Nach jedem Tag, den er singend verbrachte, fühlte er die Last auf seinen Schultern leichter und leichter werden, bis er schließlich, fast ohne es zu bemerken, sich strecken, wieder stehen und umhergehen konnte.

Eines schönen Morgens lächelte das Kind ihn freundlich an und sagte: «Ich muß dich jetzt verlassen, denn ich glaube, du kannst mein Lied schon gut genug singen, und es gibt noch viele andere, die es lernen müssen. Singe es tief in deinem Herzen bis zum Ende deiner Tage, und du wirst immer glücklich sein.» Dann blickte es ihn ein letztes Mal fröhlich an und ging singend seines Weges.

Tränen standen in den Augen des Mannes, als er dem Kind nachsah, bis es zwischen den Bäumen am Rand des Feldes seinen Blicken entschwand. Dann drehte er sich mit einem Seufzer um, trug sein Bett zurück in sein Haus und begann, wie gewohnt zu arbeiten. Seine Familie und Freunde, die ihn schon ganz vergessen hatten, waren sehr erstaunt, als sie ihn sahen. Erfüllt von geheimer innerer Freude ging er an seine Arbeit, schleppte Ziegel, Getreide und Nägel, oder er saß unter den Dorfbewohnern oder nahm seine Mahlzeiten ein oder spielte mit den Kindern. Der Mann behielt das Lied des Kindes bis zum Ende seines Lebens tief in seinem Herzen, und durch die Kraft dieses Liedes wurde er von allen geliebt, die ihn sahen.

Als der Mann alt geworden war und im Sterben lag, kamen die Menschen aus der ganzen Gegend und standen besorgt um sein Bett. Seine Frau und seine Söhne weinten, aber seine Augen leuchteten, als er sie von seinem Sterbebett aus anlächelte. Mit seinem letzten Atemzug öffnete er den Mund und begann zu singen. Das kleine Zimmer war bald erfüllt mit den süßesten Tönen, mit Glocken, Flöten und Trommeln, und die Menschen um ihn wurden von einem seltsamen Frieden ergriffen. «Hört, meine Brüder und Schwestern», sagte der alte Mann, «das ist das Lied allen Seins. Weint nicht, denn ich gehe von hier, um mit diesem Lied eins zu werden.»

Wir sind alle eins

Als es klein war, wollte das Mädchen Kamla so sein wie alle lebenden Dinge, die es umgaben. Sie wollte Federn und Flügel besitzen. Sie wollte vier Füße und einen Pelz haben. Sie wollte Blüten und Blätter. Wenn sie einen Apfel an einem Ast hängen sah, dachte sie: «Ich würde gerne wissen, wie es wohl ist, groß und rund zu sein und in der heißen Sonne zu reifen.» Und wenn sie den Eichhörnchen bei ihren Spielen zusah, dachte sie: «Ich möchte gern wissen, wie es wohl wäre, drei schwarze Streifen auf meinem Rücken zu haben, einen buschigen Schwanz, und die ganze Zeit umherzuhuschen.»

Ihre Mutter antwortete ihr gewöhnlich, sie solle sich über solche Dinge nicht den Kopf zerbrechen. Schließlich könne sie doch nichts daran ändern; warum also nicht ihren eigenen menschlichen Körper genießen. Aber ihr Vater sagte immer sehr ernst zu ihr: «Wir sind alle eins, Kamla, das sag' ich dir! Wir sind alle eins. Eines Tages wirst du diese Dinge in deinem eigenen Herzen erkennen.«

Kamla verbrachte den Großteil ihrer Zeit im Garten ihres Vaters; vom alten Gärtner lernte sie die Namen der Bäume und Blumen, und sie beobachtete die vielen kleinen Geschöpfe, die dort lebten: Kröten, Eidechsen, Papageien, Affen, Käfer, Schmetterlinge, Dahlien, Ringelblumen; sie behandelte jedes wie einen besonderen Freund und liebte sie alle.

Oft saß sie am Bach im unteren Teil des Gartens und starrte zu den großen, grünen Bergen empor, die das Haus ihres Vaters beinahe ganz umgaben. «Ich möchte gern wissen, wie es wohl wäre, wenn ich fühlen könnte, wie die Wolken niedersinken, um mich zu bedecken und den Himmel meinen Blicken zu entziehen», sagte sie dann und betrachtete gedankenvoll die aufsteigenden Nebel. Dann seufzte sie und rief sich in Erinnerung: «Wir sind alle eins. Mein Vater sagt das immer zu mir, und ich weiß, daß er Recht hat, aber noch weiß ich es nicht in meinem eigenen Herzen. Noch nicht!» Und dann fuhr sie wieder fort, sich zu fragen, wie es wohl wäre, mit alledem, was sie umgab, eins zu sein.

Eines Nachmittags stand Kamla an der großen rotweißen Pforte an der Vorderseite des Hauses und beobachtete einige Affen, die sich gegenseitig den riesigen alten Feigenbaum auf der gegenüberliegenden Seite der Straße auf und ab jagten. «Wie wäre es...», begann sie von neuem und hielt plötzlich inne. Sie schüttelte den Kopf, drehte sich um und lief langsam zum Haus zurück. Dieses Mal war sie des Fragens müde.

Niemand war da. Ihre Mutter war zum Einkaufen gegangen, und die Türen des Vaters waren verschlossen. Der alte Gärtner war ins Dorf hinaufgegangen, um seinen kranken Enkel zu besuchen. Gelangweilt und ein wenig traurig legte sich Kamla auf ihr Bett, das aus Seilen gefertigt war und auf der Veranda stand, und sie fiel in einen tiefen Schlaf.

Wolken zogen auf und ein fürchterliches Unwetter ließ das Haus im Tal erbeben. Regen, der so dicht fiel wie ein Vorhang, strömte am Dach des Hauses herab. Das Wasser gurgelte in den Rinnsteinen und spritzte in die Pfützen am Kiesweg, doch Kamla schlief.

Seltsam genug erwachte sie gerade, als ein Regenbogen sich über den Himmel spannte, recht widerstrebend wie aus einem sehr schönen Traum, den sie nicht vergessen wollte, einem so lebendigen Traum, daß er noch weiter in ihr fortlebte, als sie um sich blickte.

Kamla erschien die ganze Welt wirklicher als je zuvor, und der Anblick des doppelten Regenbogens über dem Felde jenseits der Straße schien ihren Eindruck noch zu vertiefen. Sie wanderte durch den tropfenden Garten ihres Vaters und blickte um sich, als sähe sie alles zum ersten Mal.

Plötzlich blieb sie stehen, sah zu ihren Füßen hinunter und erstarrte vor Entsetzen. Genau neben ihren nackten Zehen hatte eine Armee von Ameisen einen großen Erdwurm umzingelt, der beim Sturm zwischen einigen Steinen steckengeblieben war. Die Ameisen rückten heran, um ihn zu verschlingen. Augenblicklich fühlte Kamla Feuer über ihren ganzen Körper flackern, so als ob tausend kleine Münder in ihr eigenes weiches Fleisch bissen. Ohne zu überlegen rannte sie zum Brunnen, pumpte einen Eimer voll Wasser, stürzte zurück und schüttete ihn über den Wurm und seine Angreifer. Sofort fühlte sie sich kühl und erfrischt, obwohl ihr Körper von dem kühlenden Wasser gar nicht benetzt worden war. Vollkommen in die Flucht geschlagen, torkelten die triefenden Ameisen unsicher in alle Richtungen davon. Der Wurm glitt in eine nahe Pfütze.

Und Kamla setzte sich mitten auf dem Kiesweg nieder und lachte und weinte zugleich.

Der Schlangenbeschwörer

In der Tat, alle waren sich darüber einig, daß er ein höchst ungewöhnlicher Schlangenbeschwörer war. Er trug keine Körbe mit gezähmten Kobras mit sich, wenn er durch die Welt reiste, auch nahm er kein Geld für seine Arbeit, dennoch sah es so aus, als ob er mehr Schlangen wegzaubern konnte als sonst irgend jemand. Niemand wußte, woher er kam und wo er gewesen war; niemand konnte voraussagen, wann er kommen oder wieder gehen würde. Er kam, wenn er gerufen wurde; so erzählte er es einmal jemandem vergnügt.

Und er sah auch seltsam aus; dünn und groß und sehr dunkel. Er trug einen abgetragenen, wollenen Umhang, der einmal weiß gewesen war, und einen zerrissenen Turban, der ein ähnliches Schicksal erlitten hatte. Seine Schuhe waren lang und spitz; eine Sohle war halb abgerissen vom Schuh, und es gab einen eigenartig flatternden Ton, ähnlich den Flügeln der Vögel, wenn er einen Schritt tat. Wenn er nicht auf seiner Flöte spielte, lächelte er wie ein kleines Kind. Überall hatten es die Leute gern, wenn er kam; wenn sie ihn einmal erblickt hatten, vergaßen sie vollkommen seine seltsame Erscheinung und hörten nur noch auf seine Musik, der keine Musik dieser Welt gleichkam.

Wirklich nur wenige Menschen bemerkten seine tiefliegenden Augen unter den schwarzen Locken und dem zerrissenen Turban, aber jene, die sie sahen, vergaßen sie nie wieder. Ich will euch von drei Menschen erzählen, die sie sahen.

Es ergab sich, daß der Schlangenbeschwörer an einem Sonntag in einem kleinen Bergdorf ankam. Das Dorf schmiegte sich an einen steilen Abhang gerade unter einer Kette von Bergen. Es war ein erstaunlich fruchtbarer Ort und sehr friedlich; die Menschen dort lebten in beachtlicher Harmonie und waren im allgemeinen freundlich zu Fremden.

Als sich die Nachricht seiner Ankunft schnell von Haus zu Haus verbreitete, versammelten sich die Dorfbewohner, um des Schlangenbeschwörers Spiel zu hören. Die Frauen hörten auf zu fegen und zu waschen; die Männer verließen ihre Sensen und Karren, ihre Träumereien und Schriftstücke und kamen von den Feldern und aus den Läden, um zu lauschen. Er kam langsam die steile und enge, gepflasterte Straße herauf; die Musik, die er spielte, klang so zart in den Ohren der Zuhörer, daß alte Männer in den Teestuben weinen mußten und kleine Kinder unbeweglich bei ihren Spielen standen.

Zwei alte Frauen saßen im Sonnenlicht am Straßenrand und strickten. Eine der beiden hatte sich zum hundertsten Male bitter über ihre nächste Nachbarin beklagt, aber der Klang der sich nähernden Menge unterbrach ihr Geschwätz. Als sie aufschaute, stand der Schlangenbeschwörer vor ihr und schaute ihr gerade in die Augen. Seine Musik wurde immer noch schöner und zarter; jetzt waren Stimmen darin zu hören und schienen die Frau von weit her zu rufen. Mit Freude und Schrecken, wie sie sie bisher nicht gekannt hatte, steckte sie ihr Strickzeug in den Latz ihrer langen, schwarzen Schürze und raffte sich auf. Sobald sie aufstand, kamen Schlangen aus ihren Haaren und unter ihrer Zunge hervor, kleine Schlangen, die sich schnell bewegten, schwarze und lebhaft grüne.

Nur für kurze Augenblicke waren sie für die erschreckten Dorfbewohner und die alte Frau sichtbar, dann schlängelten sie sich in des Schlangenbeschwörers Taschen und waren verschwunden. Der Schlangenbeschwörer setzte die Flöte ab und lächelte der alten Frau zu. Unfähig zu widerstehen, schaute auch sie fest in seine Augen. Aber sie sah keine gewöhnlichen Augen mit Iris und Pupille; sie sah nur Licht, leuchtendes Licht, wie sie es noch nicht gesehen hatte, weitaus heller als die Sonne und viel wärmer. Als sie fortfuhr, ihn anzuschauen, fühlte sie, daß jene Wärme sie umhüllte, sie erfüllte bis hinunter in ihre alten, faltigen Zehen. Still beugte sie ihren Kopf.

Plötzlich mußte sie aufschauen; sie erblickte das Gesicht ihrer Nachbarin in der lautlosen und staunenden Menge. Sie brach in Tränen aus und bahnte sich ihren Weg durch die Dorfbewohner, bis sie die andere Frau umarmen konnte. «Ich bin ein elendes, altes Weib», schluchzte sie, «vergib mir, Schwester, ich werde nie wieder schlecht von dir sprechen.» Die andere Frau war zu überrascht, um zu antworten, aber

sie fühlte etwas von der unerklärlichen Wärme und setzte sich nieder zu ihr und tröstete sie.

Der Schlangenbeschwörer setzte die Flöte an seine Lippen und ging weiter.

Die Straße weiter hinunter stand ein verlassener Tempel und daneben ein Haus mit einer sehr schön verzierten Fassade. Die Türen waren aus Sandelholz, reich geschnitzt, und die Wände waren mit Löwen und Pfauen bemalt. Es gehörte dem wohlhabendsten Mann des Dorfes, einem Witwer, dessen einzige Tochter viele Jahre lang seinen Haushalt geführt hatte. Als der Schlangenbeschwörer leicht auf den Pflastersteinen entlangging, - ein Schuh flatterte wie Vogelschwingen - konnte man die schrille Stimme der Tochter über der Musik hören; sie schalt wie gewöhnlich die Diener wegen ihrer Pflichten. Sie war ein stolzes Mädchen und schön, wäre sie nicht so einsam und unzufrieden mit ihrem Leben gewesen.

Als es einen Moment still im Hause war, hörte sie des Schlangenbeschwörers Musik zum ersten Mal. Die Musik war fröhlich und freudvoll und sprach von großem Glück, das kommen sollte. Sie fühlte sich seltsam angezogen von ihr, und sie stand auf dem Balkon in all ihren feinen Kleidern, um den Schlangenbeschwörer vorbeigehen zu sehen. Aber als er vor das Haus kam, hielt er an, statt seinen Weg weiter zu verfolgen, und schaute, indem er mit ganzem Herzen spielte, direkt zu ihr hinauf. Das Mädchen lehnte sich über den Balkon, um die Musik deutlicher zu hören, und plötzlich war es erstaunt, als es überall um sich einen zischenden Laut venahm. Ihr ganzer Schmuck - Ohrringe, Halsband, Armreifen und Fußringe - hatte sich in winzige Schlangen verwandelt, weiß, glänzend, rot und golden. Wie vom Donner gerührt, beobachteten die Dorfbewohner und das Mädchen, wie sie alle über die durchbrochene Balustrade in die Taschen des Schlangenbeschwörers glitten, wo man sie nicht mehr sah.

Der Schlangenbeschwörer setzte die Flöte ab und lächelte hinauf zur Tochter des reichen Mannes. Seltsam erleichtert und zum erstenmal glücklich in ihrem Leben, schaute sie fest zurück in des Schlangenbeschwörers Augen. Sie sah keine gewöhnlichen Augen mit Iris und Pupille; sie sah nur Sterne an einem klaren Nachthimmel; Sterne, die mehr glänzten, als sie es je von ihres Vaters Dach aus gesehen hatte.

Wie die alte Frau war auch sie plötzlich erfüllt mit Wärme vom glänzenden, schwarzen Haar bis zu ihren Füßen in Sandalen. «Ich muß in die Küche gehen und dort helfen», sagte sie zu sich selbst, «vielleicht war ich zu streng mit ihnen. Vielleicht verstehen sie nicht, was ich von ihnen möchte.» Und sie tanzte die Treppen hinab und hinaus in den Garten, um für ihres Vaters Tisch zum Mittagessen Blumen zu pflücken.

Der Schlangenbeschwörer setzte seine Flöte an die Lippen und ging weiter. Eine lächelnde, ruhige Menge folgte ihm. Als er an einer armen Behausung am Rande des Dorfes vorbeikam, konnte man einen klopfenden, schleifenden Laut auf den Steintreppen im Innern hören. Der Schlangenbeschwörer hielt wieder an und stand ruhig an der Tür, er spielte und spielte, seine langen Finger bewegten sich schnell wie Schmetterlinge auf seiner hohlen Flöte. Der Klang war jetzt traurig, auf einmal anziehend und bittend und große Freude versprechend.

Nach ein paar Minuten wankte ein blasser, junger Knabe aus der Türöffnung. Eines seiner Beine war geschrumpft, und er stützte sich auf eine rohgezimmerte Krücke. Ein Murmeln der Zustimmung ging durch die Menge, denn der Junge war wohlbekannt im Dorf. Er hatte ein gutes Herz und verbrachte die meiste Zeit im Spiel mit den kleinen Kindern. Er beklagte sich nie über sein verkrüppeltes Bein oder über seine abwesende Mutter; er hatte sein Bestes getan, um sich um den alten Vater zu kümmern, bis er starb, gerade vor ein paar Wochen. Und mehr als ein Dorfbewohner hatte den stillen, fernen Blick, der oft über sein Gesicht glitt, bemerkt. Er hinkte gerade auf den Schlangenbeschwörer zu und fiel ihm zu Füßen. «Ich habe schon so lange gewartet», sagte er weinend, «ich dachte, du würdest nie kommen.»

Der Schlangenbeschwörer hörte auf zu spielen. Er beugte sich hinab und hob mit seinem starken, braunen Arm den Knaben sanft auf die Füße. «Halte dich an meinem Umhang fest», rief er fröhlich, «und wir wollen davongehen.» Und er begann wieder zu spielen.

Ein Mann stand auf dem Dach und schwang einen Stock gegen einige Affen in einem Banyanbaum neben seinem Hause. «Sie stehlen meine Guavas», brummte er zu den Umstehenden, und dann, als die Melodie von des Schlangenbeschwörers Musik zu ihm drang, lächelte er etwas unbeholfen und legte seinen Stock nieder. «Ich glaube, es sind genug da für uns alle, meine Brüder», sagte er und ging wieder hinein.

Einige der Kinder lachten, als sie sahen, wie die Affen mit einem klappernden Lärm von Blechdach zu Blechdach sprangen, das Maul voller reifer, grüner Früchte, aber der verkrüppelte Junge lachte nicht. Er hatte nur Augen für den Schlangenbeschwörer und hörte nur auf seine Musik. Er hielt sich fest an dessen Umhang und folgte ihm geradewegs aus dem Dorf hinaus. Die Menge beobachtete, wie der Junge mit dem Schlangenbeschwörer davonhinkte, und viele waren sicher, daß die Krücke in des Schlangenbeschwörers Tasche verschwand - schwarz und sich windend - und daß des Jungen Schritt stetiger und stetiger wurde, als sie im Nebel verschwanden.

Hoch oben in den Bergen machten sie Rast. Er drehte sich um und schaute dem Jungen voll ins Gesicht. Der Junge schaute auch direkt in seine Augen. Erst konnte er nur das Blaue des Himmels sehen, aber als er tiefer hineinschaute, konnte er den Schlangenbeschwörer selbst sehen, wie er in einem Feuerring saß und auf seiner Flöte spielte.

«Möchtest du mehr sehen?» fragte er mit einem Lächeln. «O ja!» antwortete der Knabe ohne Zögern. Und der Schlangenbeschwörer fing wieder an zu spielen. Als er spielte, erschien es dem Jungen, als ob der Schlangenbeschwörer wachsen würde. Er wuchs und wuchs, bis er schließlich die ganze Landschaft verdeckte, die Berge, das Tal und den Himmel, und immer spielte er, beugte sich näher und näher zu dem entzückten Jungen. Die Musik verwandelte sich in einen Wind, in einen wirbelnden Klangtrichter, welcher an dem Jungen zog und zog, bis er sich schließlich tief, tief in des Schlangenbeschwörers Flöte wiederfand, und er ging voller Freude zu ihm in den Feuerring hinein, dort spielt er ewig für ihn.

Dann setzte der Schlangenbeschwörer die Flöte an seine Lippen und ging weiter.

Die Geschichte vom Eisriesen

Einst wurde im öden gefrorenen Land am Nordpol eine bedeutende Entdeckung gemacht. Ein junger Eisriese, der gerade in der Morgendämmerung allein draußen auf dem Eisfeld war, beobachtete, daß sein Körper im Sonnenlicht - selbst in dem schwachen, fahlen, diesigen Licht, das nur für kurze Zeit dort in dem entlegenen Land schien - keinen Schatten warf. Zur gleichen Zeit bemerkte er, daß die Luft um ihn herum von Klängen erfüllt war, von einer hohen, feinen Art von Musik, die durch ihn hindurch vibrierte, vom Kopf bis zu den Füßen und ihn so in Verzückung versetzte, daß er beinahe ohnmächtig wurde. Es war eine erschreckende Erfahrung. In jenen Augenblicken hatte er das Gefühl, als würde er nicht wirklich bestehen oder wenn er es tat, so war er nur ein lauschendes Ohr, das sich mit aller Kraft anstrengte, mehr und mehr von dieser Musik zu hören.

Außer sich vor Angst, schloß der Eisriese seine Augen und bedeckte seine Ohren mit seinen Händen, die in Pelzhandschuhen steckten. Er warf sich nieder gegen eine Eiswand und lag dort, kauernd, zitternd und stöhnend, und wollte diesen Ton abstellen. Er begann sich selbst zu zwicken und zu schlagen. Er biß sich auf die Lippen und spannte seine Muskeln an, um sich zu vergewissern, daß er noch am Leben war.

Als die Sonne hinter einer tiefliegenden Wolkenwand unterging, sprang der Eisriese auf seine Füße

und schleppte sich über das Eisfeld zurück. Wimmernd wie ein verlorenes Bärenjunges stapfte er in die Höhle zu den anderen Eisriesen seiner Herde und sagte angsterfüllt: «Welches Übel hat mich befallen, daß mein Körper keinen Schatten wirft im Licht? Trifft das auf alle von uns zu? Haben wir alle unsere Schatten verloren?» Die anderen brüllten lachend und spöttisch: «Worüber spricht der Kleine? Jeder von uns hat doch einen Schatten!» «Aber du, Bruder, hast du deinen in der letzten Zeit bemerkt? Oder du, Kusine?« fragte der junge Riese noch einmal, immer noch zitternd. «Sei nicht so albern», entgegneten sie scharf, «wir sind viel zu sehr mit anderen Dingen beschäftigt, um uns mit einer so unwichtigen Sache zu befassen, ob wir Schatten werfen oder nicht.» Fluchend und schimpfend - denn sie hatten aufgehört, sich über die offensichtliche Angst des jungen Riesen zu amüsieren - setzten die Eisriesen ihre Arbeit fort, etliche Dutzend Polarbären für das Frühstück zu zerlegen.

Wie er sie beobachtete, fühlte der junge Eisriese eine gewisse Übelkeit in seinem Magen aufkommen, und er ging fort, ohne etwas zu essen. Irgendwie gelang es ihm, einen ruhigen Tag zu verbringen, weg von der Sonne, nicht gestört durch die Spötteleien oder verärgerten Blicke seiner Artgenossen, und innerlich ganz erfüllt von seiner Erfahrung in dem Eisfeld und dem eigenartigen, schrecklichen und berauschenden Gefühl, nicht da zu sein. Wenn er sich daran erinnerte, befiel seinen ganzen Körper ein eisiges Frösteln. Doch seltsamerweise stellte er fest, daß er den ganzen Tag hindurch an nichts anderes denken wollte, als an diesen kurzen Augenblick.

Als die Finsternis hereinbrach, rollte er sich zu einem Ball zusammen, einem riesigen menschlichen Wesen mit Bärenfell bekleidet, das nach außen so aussah wie ein großer, weißer Igel, der in seiner Eishöhle schlief.

In jener Nacht hatte der Eisriese einen wunderbaren Traum. Dieser bestand aus zwei Teilen: der eine war sehr friedvoll, aber der andere war recht aufregend. Der erste Teil seines Traumes spielte sich in einer weiten, stillen Landschaft ab, einer gelben Wüstenebene, die sich, so weit das Auge sehen konnte, unter einem strahlenden, goldenen Himmel erstreckte. Überall war Licht. Die Luft über dem goldenen Sand war angefüllt mit winzigen flimmernden Teilchen, ähnlich wie Schneeflocken oder Sandkörnchen, aber weniger dicht als diese. In der Luft war ein vertrauter Klang, eine hohe, feine Art von Musik, die von dem Licht zu kommen schien. Es herrschte absolute Stille dort, vollkommene Ruhe. Großer Friede erfüllte des Riesen Herz, und für einen kurzen Moment wünschte er sich, für immer dort zu bleiben.

Dann hörte der Riese im Traum plötzlich seine eigene Stimme sprechen. Wehklagend stieß sie hervor: «Wie leer dieser Platz ist! Wo bin ich?» Und sobald diese Worte ausgesprochen waren, begann sich das Bild zu ändern. Ein winziger schwarzer Fleck erschien in der Mitte der goldenen Ebene. Als der Riese genauer hinsah, wurde dieser Fleck größer und größer; er schien mit gewaltiger Kraft an den Rand der Ebene geschleudert zu werden. Immer näher kam er und warf einen riesigen Schatten vor sich. Schließlich begann sich die Landschaft selbst zu ändern. Am nahen Rand der Wüste erschienen im Blickfeld des Riesen große Sanddünen, dann auch Felsen, eigenartig geformt und tief eingekerbt durch Wind und Sand. Immer näher kam der sich bewegende Gegenstand, und der Eisriese erkannte plötzlich entsetzt, daß sich dieser Gegenstand mit großer Geschwindigkeit in ihn selbst verwandelte, in einen gewaltigen, mit Bärenfell bekleideten Eisriesen, schwer wie ein Stein. Sein eigenes Abbild kam ganz nahe und befand sich am äußersten Rand der Wüste. Es verfing sich immer mehr in dem dort wachsenden undurchdringlichen Dickicht, das mit Spinnweben bedeckt und scheinbar undurchlässig wie eine Mauer war. Mit großer Kraft kämpfte sich das Abbild des Riesen vorwärts und fiel in der Finsternis in einen tiefen, tiefen Schlaf.

Der Eisriese erwachte mit einem Gefühl tiefer Traurigkeit und spürte einen Verlust in seinem Herzen. Er war überwältigt von unaussprechlicher Sehnsucht und kannte keinen Frieden mehr. Langsam kroch er aus seiner Höhle und schaute um sich. Ein schwacher Lichtstreifen war am Horizont zu sehen; alles war kalt und still. Nur der Nordwind blies und trieb Schneegespenster von einem Eisberg zum anderen. Der Riese stand still. Das Gefühl des Verlustes und der Sehnsucht in seinem Herzen schien nicht nachzulassen. Der Nordwind wurde ein wenig stärker, stark genug, um den Eisriesen bei seinen ersten zögernden Schritten in eine unbestimmte südliche Richtung zu treiben. «Dies ist kein Ort für mich», sagte der Eisriese schließlich zu sich selbst, «ich muß irgendwo anders einen Platz finden, wo ich die Eisfelder und Träume vergessen kann und niemals mehr in der Sonne stehe.» Und bevor der Morgen dämmerte, stapfte er los, ohne sich von einem seiner schnarchenden Verwandten zu verabschieden.

So begann die lange Reise des Eisriesen. Ganz langsam kam er aus dem gefrorenen, öden Land am Nordpol, das sein Zuhause gewesen war, heraus und kam in die Berge, die Wälder und Städte der wärmeren Regionen der Erde. Er reiste immer weiter und seine Schritte trugen ihn in einem Bogen von Osten nach Westen, immer in Richtung Süden, wie ein ständig ausschlagendes Pendel. Er wanderte langsam von Ort zu Ort, suchte am Tage Schutz vor der Sonne und setzte seine Reise nur nachts oder in Nebel und Regen fort.

Bald begann er Menschen aller Arten zu treffen, die seine riesige, zottige Gestalt anstarrten, sein ruhiges, trauriges Gesicht musterten und auf verschiedenste Weise reagierten. Manche Menschen haßten ihn auf den ersten Blick, einige machten sich über ihn lustig und einige fürchteten sich sehr. Ein paar hatten Mitleid mit dem schwerfälligen Wanderer, dessen Augen unbeweglich auf einen entfernten Punkt gerichtet waren, und sie nahmen ihn herzlich auf. Meistens beachtete der Eisriese jene nicht, die ihn haßten oder sich über ihn lustig machten und versuchte, sich von denen fern zu halten, die ihn fürchteten, um ihre Herzen nicht unnötig in Unruhe zu versetzen. Und für die Gastfreundschaft jener, die ihn liebevoll behandelten, war er zutiefst dankbar.

Wo immer er sich aufhielt, erwies sich der Eisriese als ein williger und kräftiger Arbeiter. Einmal half er den Leuten eines kleinen Dorfes in einem entlegenen Tal, ihren Kirchturm zu reparieren, in den kurz vorher bei einem Gewitter der Blitz eingeschlagen hatte. Und einmal stand er die ganze Nacht in den dunklen Gewölben eines Bergtunnels und stützte einige zerbrochene Balken, bis alle Bergarbeiter, die dort eingeschlossen worden waren, wieder sicher herausklettern konnten. Er half, große Brücken zu bauen, Tiere zu retten, Ernten einzubringen. Er wollte nur ein wenig Nahrung als Entlohnung für seine Arbeit, obwohl er mehr als einmal zwei oder drei ganze selbstgemachte Käselaibe von einer Bauersfrau brauchte, um überhaupt zu merken, daß er etwas im Magen hatte. Die Leute gewöhnten sich allmählich daran, den Eisriesen bei Nacht und Regen arbeiten zu sehen und hörten auf, darüber zu reden oder es für sonderbar zu halten.

Aber die Aussicht auf ein Leben in ständiger Dunkelheit begann den Riesen sehr traurig zu machen. Das Gefühl des Verlustes, das er nach seinem Traum tief in seinem Innern gespürt hatte, begann ihn in seinen Arbeitsstunden zu quälen und wurde zu einem festen Bestandteil seines Lebens, wie er so durch die

Welt wanderte. Doch immer noch war seine Angst größer als seine Sehnsucht, und er hielt sich standhaft der Sonne fern.

Dreimal schon dachte der Eisriese, er hätte nun endlich den friedvollen Ort gefunden, den er so emsig suchte. Einmal hielt er bei ein paar freundlichen Hirten auf einem Gebirgspaß an, einmal bei Waldbewohnern und ein andermal unter dem liebenswerten Volk einer großen und geschäftigen Marktstadt. Aber vergeblich suchte der Eisriese nach Frieden und Vergessen in der Natur oder in Freundschaften und bei Festen, denn jedesmal, wenn er begann, sich in der natürlichen Lebensweise seiner Umgebung glücklich zu fühlen, hatte er wieder den Traum, den er so mühsam zu vergessen suchte. Und jedesmal, wenn er daraus erwachte, war er mit einem erneuten und noch stärkeren Gefühl des Verlustes erfüllt und wußte, daß er weiterwandern mußte.

Nachdem er zum dritten Mal aus diesem Traum erwachte, kam ihm folgende Erkenntnis: Obwohl die Sonne in ihm Angst und Grauen hervorrief durch das Erlebnis, in welchem er gezwungen war zu sehen, daß sein Körper keinen Schatten warf, wußte er endlich in der Tiefe seines Herzens, daß es tatsächlich nichts anderes als die Sonne war, wonach er sich sehnte, daß nichts sonst in seinem Leben von Bedeutung war und daß er keinen bleibenden Frieden finden würde, bevor er nicht voll bewußt in der Landschaft seines wundervoll schrecklichen Traumes stünde.

Zunehmend müde, wanderte der Eisriese weiter, immer in südlicher Richtung, einmal vom Nordwind getrieben, ein andermal von der unsichtbaren Sonne angezogen. Müde vom Wandern und krank in seinem Herzen stieß der Eisriese eines Nachts gegen eine dicke Mauer und konnte nicht weitergehen. «Ich kann ja auch hier liegenbleiben», murmelte er vor sich hin und fügte dann hinzu «und es spielt auch keine Rolle, wenn ich sterbe.» Und er legte sich hin und schloß seine Augen.

In jener Nacht hatte der Eisriese einen anderen Traum. Er träumte, er läge im Schatten eines großen verworrenen Dickichts, mit Spinnweben bedeckt und scheinbar undurchdringlich wie eine Mauer. Er träumte, er weine bittere Tränen und wünschte von ganzem Herzen, nur einmal den Mut zu haben, hinauszugehen in das Sonnenlicht. Und in seinem Traum wurde er plötzlich mit überwältigender Leichtigkeit nach oben gehoben, immer weiter hinauf, über das große Dickicht hinweg und dann über eigenartig geformte Felsen und Sanddünen, bis sich vor seinen Augen eine weite, stille Landschaft von unendlicher Ausdehnung erstreckte, eine gelbe Wüstenebene unter einem strahlenden, goldenen Himmel.

Wärme weckte ihn langsam auf. Er wurde wachgerüttelt, drehte sich um und setzte sich auf, während er seine Augen rieb. Vor ihm war keine Mauer; nichts war zu sehen als eine leere, mit Licht erfüllte Ebene. Vor ihm lag ein großer schwarzer Schatten, und es dauerte einige Momente, bis er erkannte, daß es sein eigener war. Und ein Klang war in der Luft, den er mit großer Freude wiedererkannte. Es war eine hohe, feine Musik, und er lauschte ihr mit ganzer Aufmerksamkeit.

Die Musik durchdrang ihn und alles um ihn herum, und die klare Luft war erfüllt mit Lichtstrahlen. Und nun wußte der Eisriese genau, was er tun mußte. Während sein Herz wie donnernd klopfte, begann er entschlossen auf die Mitte der Ebene zuzugehen. Unter jener erbarmungslosen Sonne meinte er, wirklich zu schmelzen. Er hatte das Gefühl, kleiner zu werden, als ob der Sand an ihm hinauffliege, als er immer schneller und schneller auf einen bestimmten Punkt in der Ebene zulief. Das Licht schwirrte um ihn wie ein Sturm winziger Kerzen, bis er nicht mehr sagen konnte, wo der Sand aufhörte und wo der Himmel anfing.

Dann plötzlich hielt er inne und schaute nach unten. Sein Schatten war vollkommen verschwunden. Endlich konnte er die brennende Hitze auf Rücken und Kopf nicht mehr fühlen und auch nicht den feurigen Sand unter seinen Füßen. Endlich konnte er nicht mehr fühlen.

Endlich war er ein Teil des Lichtes.

Michael im Haus der Sonne

Pfeifend, die Hände in den Taschen seiner Latzhose vergraben, barfuß den Staub an der Straßenseite entlang aufwirbelnd, war Michael nach einem langen Tag auf der Farm seines Onkels auf dem Nachhauseweg. Zum Mittagessen hatte es Mais und rote Rüben gegeben und Salat aus dem Garten, und dazu frische Himbeeren mit Sahne. Das Leben, das diesen guten Dingen innewohnte, war mit dem Lebensstrom des Jungen verschmolzen, um ihn mit Kraft und Musik zu erfüllen.

Es war schon spät, aber nicht zu spät an jenem heißen Augustnachmittag, und Michael schritt zügig aus, blickte rings um sich und genoß alles, was er sah. Plötzlich war er so ergriffen, daß er mitten auf der leeren Straße innehielt und seine Arme weit ausbreitete: «Hallo, Mutter Sonne», rief er zum Himmel hinauf. «Wie froh bin ich, daß du Dinge wachsen läßt wie Mais und Frösche und Jungen wie mich.» Und dann, in einem erneuten Gefühlsausbruch, rief er: «Oh, wie gern würde ich zu dir kommen, um immer bei dir zu leben!»

Und in dieser Sommerstille schien es, als ob die Sonne vom Himmel herabstiege, brennend und sengend, bis sie in der Luft genau über Michaels Kopf schwebte. Eine menschliche Gestalt mit einem leuchtenden Gesicht schritt aus der Sonne heraus und stellte sich vor Michael hin, der sie staunend und mit klopfendem Herzen anstarrte, und er fühlte sich, als sei er einem tobenden Feuer zu nahe gekommen. Sprachlos wartete er darauf, was als nächstes geschehen werde.

Die strahlende Gestalt sprach: «Du wirst im Haus des Vaters sehr willkommen sein, Michael, aber jetzt noch nicht. Vorher mußt du einen anderen Ort aufsuchen, und nur Gott weiß, wie lange du dort leben wirst. Bist du dazu bereit?»

«Ja», flüsterte Michael dem Feuergesicht zu. «Oh, ja!»

«Gut», sagte die Gestalt, «und noch etwas: Denke an mich! Die ganze Zeit, die du an jenem Ort sein wirst, denke immer an mich! Alles wird besser für dich verlaufen, wenn du das tust. Und, Michael», fuhr er fort, «falls du dich wundern solltest: Ich und der Vater sind eins!»

Mit einem langen, durchdringenden Blick auf Michael kehrte die Gestalt ins Licht zurück und verschwand. Und dann kletterte die Sonne wieder zum Himmel empor und versank, wie jeden Tag, hinter den westlichen Hügeln.

Wie von Blindheit geschlagen, konnte Michael sich eine Zeitlang nicht bewegen. Dann begann er, die Straße hinunterzurennen. «Hurra, hurra» übertönte er den Abendgesang der Vögel. «Ich werde im Haus der Sonne leben!», und dann blieb er stehen und war still. Er dachte an jenen anderen Ort, von dem die Sonne gesprochen hatte, und er fragte sich, was wohl als nächstes geschehen werde.

Zuhause angekommen, fand Michael ein kaltes Abendessen auf dem Küchentisch vor, das aus Brot, Käse und Pfirsichen bestand, und daneben lag eine Nachricht seiner Mutter. Auf dem Zettel stand, daß der Rest der Familie den ganzen Tag in die Stadt gefahren war und erst spät zurückkehren werde.

Erleichtert, alleine zu sein, setzte sich Michael nieder und aß, ohne dabei an seine Speise zu denken, denn mit seinen Gedanken war er noch bei dem Gespräch mit der Sonne. Ein herrliches Gefühl der Wärme und Freude breitete sich in seinem Körper aus, und es schien ihn jede Zelle seines Körpers daran zu erinnern: «Denke an mich!»

Als Michael am nächsten Morgen langsam aus dem Schlaf erwachte, konnte er jemanden schnarchen hören, aber der Laut schien von sehr weit herzukommen. Es herrschte pechschwarze Dunkelheit um ihn, und alles, was er vernehmen konnte, war dieses merkwürdige Atmen. Plötzlich gingen zwei Fenster auf, beide führten in dieselbe Richtung hinaus und leicht nach unten.

«Das ist seltsam», dachte Michael, «dort ragen meine Füße aus dem unteren Ende meines Schlafanzuges heraus, und dort steht die Birke draußen vor meinem Schlafzimmerfenster, und da kommt meine Hand herauf und reibt mein... Ich bin ja derjenige, der geschnarcht hat, und diese Fenster sind meine Augen!»

Stell' dir vor! Es ist so ähnlich, als ob du plötzlich entdeckst, daß du in der obersten Etage eines dreistöckigen Gebäudes lebst, und nur der erste Stock kann sich bewegen, der zweite Stock kann denken und der dritte Stock, wo du wirklich lebst, befindet sich in vollkommener Dunkelheit; du kannst dir nicht einmal vorstellen, wie weit die Wände entfernt sind, so tief ist die Dunkelheit.

Für Michael jedoch hielt diese Dunkelheit nicht sehr lange an. Als er sich von seinem Schrecken erholt und an die neue Situation gewöhnt hatte, stand sein Körper auf, zog sich an und rannte die Treppen hinab, um zu frühstücken. Unterwegs kam Michael am Zimmer seines kleinen Bruders vorbei, und sofort fiel ihm ein, daß dieser die Süßigkeiten, die die Großmutter ihnen am Vortag geschickt hatte, nicht mit ihm geteilt hatte, und er hätte ihn gern deswegen verhauen. Augenblicklich sah er ein häßliches Bild auf der einen Wand des dunklen Raumes, ein sehr lebendiges Bild, das einen großen Jungen zeigte, der mit einem kleinen kämpfte. Der kleine Junge weinte, und der große trug ein gehässiges, stolzes Grinsen in seinem Gesicht.

«Oh,» rief Michael im dunklen Raum, «schau dir nur diesen gemeinen Kerl an. Er genießt es richtig, den kleinen Jungen zu verletzen.» «Oh!» keuchte er in einer plötzlichen und schmerzlichen Erkenntnis, «dieser gemeine Kerl bin ja ich!» Das war, zugegeben, nicht das Beste, um den Tag zu beginnen, und Michaels Antwort auf das freudige «Guten Morgen» seiner Mutter war nur ein kaum vernehmbares «Hallo». Und es kam noch schlimmer. Es schien Michael, als ob sich alles, was er den ganzen Tag über tat, sagte oder dachte, auf dem riesigen Bildschirm in dem dunklen Raum, in dem er lebte, widerspiegeln würde. An einem einzigen Tag sah er so viele verrückte und häßliche Bilder, daß er kaum einzeln davon Notiz nehmen konnte, aber das war genau das, was er hätte tun sollen. Und immer, in jedem Bild, war der Bösewicht kein anderer als er selbst.

Als die Tage vergingen, kamen immer mehr und immer unerfreulichere Bilder, bis der dunkle Raum voller Bilder war und Michael anfing, sich hilflos und verwirrt zu fühlen und verzweifelt einen Ausweg suchte. Eines Tages dachte er: «ich weiß etwas; ich werde mich einfach hinsetzen und die Fenster schließen.» Und er warf sich ins hohe Gras hinter dem Haus und schloß seine Augen. Aber die Bilder verschwanden nicht; sie änderten sich kaum. Michael war gezwungen, Ereignisse anzusehen, die vor einer Stunde, einem Monat oder einem Jahr geschehen waren. Sie zeigten seine schlechte Laune, seine Kritik an Freunden, seine Faulheit, Gier und vieles andere.

Bei diesen Bildern graute es Michael so sehr vor sich selbst, denn sie waren so verschieden von der Art und Weise, wie er sich gewöhnlich selbst sah - falls er überhaupt über sich nachdachte -, daß er auf der Stelle lieber gestorben wäre und dem Ganzen ein Ende gesetzt hätte. Doch plötzlich mußte er daran denken, was die Sonne zu ihm gesagt hatte: «Denke an mich!», hatte sie ihm geraten, «alles wird besser und leichter für dich sein, wenn du das tust!» Und Michael richtete sich im Gras auf, schloß die Augen und dachte an die Sonne und an das Gesicht, dem goldene Flammen entströmten.

Und, o Wunder, sobald sich seine Gedanken in dem dunklen Raum der Sonne zuwandten, begannen die Bilder zu verblassen. In den darauffolgenden Monaten stellte Michael fest, daß die Bilder, denen er sich gegenübergestellt sah, an Anzahl und Häßlichkeit abnahmen, je mehr Aufmerksamkeit er auf die Sonne richtete.

Nachts nahm die Sonne manchmal ihre menschliche Gestalt an und besuchte Michael in seinen Träumen, um ihn zu ermutigen und zu trösten, solange er in dem dunklen Raum leben mußte. Die strahlende Gestalt setzte sich neben Michael und erzählte ihm alle Möglichkeiten, wie er es vermeiden könne, die häßlichen Bilder ins Leben zu rufen. Sie lachte mit ihm, gab ihm kleine Geschenke oder erzählte ihm Geschichten über ihre anderen Kinder oder strich über Michaels Stirn, um seine Traurigkeit zu vertreiben. Jedesmal, bevor die Gestalt wieder verschwand, erinnerte sie den schlafenden Jungen: «Denke an mich!» Michael erwachte aus solchen Träumen stärker und entschlossener denn je, mit diesen allgegenwärtigen Bildern in dem dunklen Raum fertigzuwerden, und er gedachte der Sonne mit größerer Inbrunst als zuvor.

Hin und wieder konnte er einen sehr schlechten Tag haben, wenn die Bilder nur so in den dunklen Raum hineinströmen wollten, aber immer, wenn das geschah und Michael gezwungen wurde, wieder einer Darstellung seiner Gemeinheit oder seines Stolzes gegenüberzustehen, schrie er aus tiefstem Herzen: «Oh, Vater Sonne, ich möchte nicht mehr so sein und so sprechen und denken. Bitte hilf mir!» Und dann durchströmte ihn die Wärme der Sonne, sie floß um ihn herum und durch ihn hindurch, bis er anfing zu spüren, daß die Sonne sowohl in ihm als auch um ihn war.

Als Michael begann, die Art und Weise, wie er handelte und sprach, gemäß den Anweisungen der Sonne zu verändern und seine Gedanken mehr und mehr auf die Sonne gerichtet hielt, ließ die Anzahl der Bilder merklich nach. Und mit den Bildern verringerte sich auch die Dunkelheit im Raum. Nach und nach schien Licht durch Risse und Löcher in der Wand durchzusickern, die anfangs klein waren, aber ständig breiter wurden.

Nun verbrachte Michael den Großteil des Tages damit, sich nach der Zeit zu sehnen, da er endlich in das Haus der Sonne gehen könnte, um dort zu leben. Oh, er aß und spielte wie jeder andere Junge, aber er dachte dabei immer an die Sonne. Und der dunkle Raum, in dem er lebte, wurde immer heller.

Es kam der Tag, da Michael beide Fenster öffnete, um hinauszusehen, und es waren überhaupt keine

Bilder mehr da. Als er die Augen schloß, fand er auch innen keine Bilder mehr vor. Sein Herz war ganz von Frieden erfüllt. Und dann, ohne daß er daran gedacht hatte, wurde der dunkle Raum ganz hell. Er wurde immer heller und wärmer, bis der Glanz stärker war als an jenem längst vergangenen heißen Augustnachmittag. Michael konnte kaum fassen, was mit ihm geschah. Dort, wo vorher der dunkle Raum gewesen war, stand die Sonne, und inmitten dieses strahlenden Lichts lächelte ihm die Gestalt mit dem goldenen Flammengesicht entgegen und hieß ihn willkommen.

«Siehst du, mein Kind», sagte sie sanft, «du warst in Wirklichkeit die ganze Zeit in meinem Haus.» Sie streckte Michael ihre Hand hin. «Komm», sagte sie, «es gibt noch viel mehr zu sehen!»

Der Weg

Wir saßen alle am Wegrand und spielten. Ich blickte auf und sah unseren Vater die Straße herunterkommen, direkt auf uns zu. Ich sagte zu den anderen: «Oh, seht, unser Vater ist gekommen, uns zu holen.» Sie schauten ebenfalls auf, blickten erstaunt, und lachten mich dann aus. «Sei nicht verrückt», sagten sie, «da ist niemand» und fuhren mit ihren Spielen fort.

Aber ich sah ihn nicken und hörte ihn sagen: «Komm nun; es ist Zeit für dich, heimzugehen!» Und ohne ein weiteres Wort zu meinen Freunden zu sagen, stand ich auf, ergriff seine ausgestreckte Hand und ging mit ihm fort, langsam wieder die Straße hinauf.

Die anderen waren sehr wütend auf mich, weil ich einfach wegging, und warfen mit Dreck nach mir; sie drohten mir, verhöhnten und beschimpften mich. Ich versuchte, nicht hinzuhören, mich nicht darum zu kümmern und marschierte weiter an seiner Seite, meine Hand in der Seinen.

Nach einiger Zeit kam mein liebster Spielgefährte atemlos gerannt und versuchte, meine andere Hand festzuhalten. Ich sah zu unserem Vater hoch: «Ist es in Ordnung?» - «Ja,» sagte er, «es ist in Ordnung.»

Froh ergriff ich die Hand meines Freundes mit meiner freien Hand, und plötzlich war er ebenfalls in der Lage, unseren Vater zu sehen.

Schließlich kamen all unsere Freunde nachgelaufen, einer nach dem anderen, bis wir uns alle lächelnd an Händen hielten und gemeinsam mit unserem Vater bedächtig den Weg fortsetzten.

Maeve

Als Prinzessin geboren, hatte Maeve immer alles, was ihr Herz begehrte. Bis zum achtzehnten Lebensjahr war sie mit einem beständigen Lachen und nie schwankendem Schritt buchstäblich durchs Leben getanzt, bis eines Nachts etwas geschah, was sie vollständig veränderte.

Es war nach einem großen Fest. Maeve hatte selbstkomponierte Lieder vor ihrem Vater, dem König, und dem ganzen Hofstaat vorgetragen. Sie hatte die ganze Nacht mit vielen Partnern getanzt, und sie wurde gefeiert, da sie das schönste Gesicht im ganzen Königreich hatte. Der Hofstaat tuschelte von ihrer baldigen Heirat.

Maeve war zu Bett gegangen, müde, doch freudig erregt bei dem Gedanken an ihren wachsenden Ruhm. Aber in dieser Nacht vergingen die Stunden, und sie konnte nicht schlafen. Die Geräusche im Palast wurden allmählich schwächer, bis sie ganz verstummten. Alles war ruhig, doch die Prinzessin konnte noch immer nicht schlafen. Sie wälzte sich hin und her, versuchte, sich den Glanz des Abends in Erinnerung zu rufen, die Gesichter ihrer Gesellschafter, ihre Musik, alles nutzte nichts.

Dann hörte sie ein Geräusch, den Laut eines Menschen, der bitterlich schluchzte. Die Stimme war gedämpft, so, als ob sie von sehr weit her käme. Maeve lag ruhig da und wunderte sich. Woher kam dieses herzzerreißende Weinen? Und dann, mit einem Ruck, der sie kerzengerade im Bett aufsitzen ließ, erkannte Maeve die Ursache des Geräusches. Es kam tief, tief irgendwo aus ihrem eigenen Körper. Mit klopfendem Herzen saß sie da und lauschte mit ihrer ganzen Aufmerksamkeit.

«Laß mich heraus!» schrie die Stimme, «laß mich heraus!» «Wer bist du?» flüsterte Maeve erschreckt.

«Ich bin dein Selbst», schrie die Stimme verzweifelt, «willst du mich nicht bitte herauslassen!»

«Sei nicht albern», sagte Maeve zu der Stimme, «ich bin mein Selbst. Ich brauche nur in den Spiegel zu schauen, und da sehe ich mich ganz deutlich.»

«Nein, das kannst du nicht», sagte die Stimme, «du bist eine endlose Sammlung von falschen Gesichtern. Laß mich heraus, und ich werde dir zeigen, wer du wirklich bist.»

«Sag nicht so einen Unsinn», sagte Maeve, «geh und laß mich in Ruhe. Ich bin sehr müde und möchte jetzt schlafen.»

«Höre mich jetzt, liebe Prinzessin», beharrte die Stimme, «du wirst nicht schlafen können, solange du mich nicht herausläßt. Ich möchte gehört werden!» Die Stimme wurde sehr laut und gab ein durchdringendes Wimmern von sich.

Maeve verstopfte vor Schreck ihre Ohren und dachte: «Wenn das so weitergeht, werde ich bestimmt verrückt. Ich muß den Palast verlassen, bis ich dies unglückliche Geschöpf losgeworden bin, und dann komme ich zurück.» Sie kroch aus dem Bett, warf schnell eine lange Robe über, zog darüber einen wollenen Mantel und schlich barfuß durch die ruhigen Hallen, die große Treppe hinunter, hinaus in die verlassenen Gärten des Palastes und durch ein kleines Tor in den angrenzenden Wald. Glücklicherweise schien der Mond, doch auch wenn er nicht dagewesen wäre, hätte sie den Weg finden können. Sie kannte den Wald so gut wie den Palast, da sie Jahre damit zugebracht hatte, beide zu erforschen. Sie kannte die Fährten und Lauben, Dickichte und Unterhölzer, und diese Nacht ging sie zu ihrem Lieblingsplatz, einer alten Turmruine am anderen Ende des Waldes. Es war eine einsame Stätte; sie war eines Tages daraufgestoßen, als sie Schutz vor einem plötzlichen Sturm suchte. Keiner würde daran denken, sie in einer so vergessenen Ecke zu suchen.

Schließlich konnte Maeve die großen, moosbewachsenen Felsen erkennen, die den Eingang zum Turm markierten. Sie ging auf sie zu und setzte sich in den dunklen Eingang, das Gesicht dem Wald zugewandt. «Nun denn», sagte sie zu ihrem Selbst, «was willst du, das ich tun soll?»

Die Stimme schrie lauter denn je: «Laß mich heraus!»

«Wie kann ich das?» fragte Maeve.

«Du mußt einen Weg finden, du mußt, du mußt!» schrie die Stimme, und plötzlich, als ob eine Schleuse geöffnet worden wäre, begann sie in einem Schwall von Worten der Prinzessin zu erzählen, wie lange sie ein Gefangener gewesen war und wie fürchterlich sie gelitten hatte.

«Hör auf!» rief Maeve nach einiger Zeit, «ich habe noch nie eine so traurige Geschichte gehört, ich kann kein Wort mehr davon hören. Gibt es niemand, der mir beisteht, dir zu helfen?» Und sie warf sich auf den Boden und schluchzte und schluchzte.

Eine ungewöhnliche Stille herrschte im Wald, als ein sonderbares Bild vor dem inneren Auge der Prinzessin erschien. Sie war ein Schloß geworden, und ihr Gesicht war der höchste Turm. Eine lange Treppe wand sich nach unten durch den Turm zu dem geheimsten Verließ im Schloß. Eine kleine Gestalt aus Licht lag in dem Verließ, eine Gestalt in Ketten, gebrochen und traurig. Die Gestalt schluchzte verzweifelt, als von außen ein langer Arm hereinreichte und den Schlüssel in der Tür zum Verließ umdrehte. Die Gestalt erhob sich und kämpfte sich zur Tür vor. Sie stieß die Tür auf und stand schwerbeladen am Fuß der Treppe. Dann begann sie zu rufen: «Laß mich heraus! Laß mich heraus!» Der lange Arm begann, Ziegel um Ziegel von der Vorderseite des Turmes zu reißen, und mit jedem Ziegelstein fiel ein Glied von der Kette der leuchtenden Gestalt, verwandelt in einen Schmetterling, der davonflog. Die Ziegelsteine fielen, die Gestalt kletterte nach oben, bis sie die oberste Stufe erreichte, wo sie, befreit von all ihren Ketten, in der Leere der gefallenen Ziegelsteine dastand. In diesem Augenblick schmolz das ganze

Schloß zu nichts zusammen, und alles, was in der Vision der Prinzessin blieb, war die Gestalt aus Licht.

Beim Morgengrauen durchbrach ein Rascheln die tiefe Stille von Maeves Tränen, und sie schaute auf. Direkt gegenüber, im Schatten einer Eiche, saß ein weißgekleideter, alter Mann, dessen Gesicht wie die Sonne leuchtete. Seine Augen waren warm und weise, als er die Prinzessin ansah. «Gut getroffen, Maeve», sagte er, «dein Selbst ist tatsächlich am Fuße der Leiter. Es war kein Traum. Nun, wollen wir anfangen?» «Wer seid Ihr?» flüsterte Maeve, scheu vor solch einem Besucher im entlegensten Teil des Waldes ihres Vaters.

Der alte Mann antwortete: «Ich bin mein Selbst.»

«Die Stimme, die sich mein Selbst nennt, sagt, daß ich nur aus unwahren Gesichtern bestünde», sagte Maeve, «sie sagt, daß sie wahr sei und ich nicht. Wie kann ich herausfinden, ob dies wahr ist?»

«Nur Geduld», sagte der alte Mann, «hier werde ich es dir zeigen.» Er hob eine Handvoll Erde vor der Prinzessin aus. Sofort entstand eine kleine Pfütze voll mit klarem Wasser. Nicht eine Welle kräuselte die Oberfläche. «Nun schau dein Gesicht an, Maeve,» befahl er, «und sage mir, was du siehst.»

Maeve lehnte sich nach vorne und schaute in die Pfütze auf ihr Spiegelbild. Was sie sah, war nicht die leuchtende Gestalt ihrer Vision, nichts dergleichen. Noch war es das Bild, das sie in den Spiegeln des Schlosses zu bewundern pflegte. Was sie in der Pfütze sah, war ein Gesichtsausdruck - einer der vielen Hunderte, die ihr jeden Tag durch den Sinn huschten. «Oh!» sagte sie, «ich schaue so gierig. Ich sehe aus, als ob alles, was ich möchte, noch mehr Schokolade ist, nachdem ich bereits die halbe Schachtel aufgegessen habe.»

«Möchtest du so aussehen?» fragte der alte Mann.

«Nein», murmelte Maeve mit Tränen in den Augen.

«Gut, lege diese Miene ab», sagte der alte Mann.

Maeve hob ihre Hände zum Gesicht und zog und zog. Aber nichts geschah.

«Ihr macht Euch über mich lustig», sagte sie zu dem alten Mann.

«Nicht im geringsten», antwortete er, «du kannst mich um Hilfe bitten.»

Maeve neigte ihren Kopf. «Bitte, helft mir», sagte sie, «offensichtlich kann ich es nicht selbst.»

Der alte Mann faßte über die Pfütze und berührte nur das Gesicht der Prinzessin. Eine Maske, so dünn wie eine Zwiebelhaut, fiel in seine Hand, kräuselte sich nach oben und verdorrte wie ein welkes Blatt. Er blies es fort.

«Nun, Maeve», sagte er ruhig, «sieh wieder in die Pfütze. Was siehst du?»

Maeve lehnte sich nach vorne wie vorher und sah ihr Spiegelbild prüfend in der Pfütze an. «Oh, ich sehe so faul aus!» sagte sie, «ich sehe aus, als ob ich den ganzen Tag nichts getan hätte und nun nicht einmal willens wäre aufzustehen, um meinen Vater, den König, zu grüßen.»

«Willst du so aussehen?» fragte der alte Mann.

«Nein», murmelte Maeve mit Tränen in den Augen.

«Gut, dann leg auch diese Miene ab», sagte er.«Macht es bitte», bat Maeve ihn, «ich weiß nun, daß ich nichts ohne Eure Hilfe tun kann.»

Wieder faßte der alte Mann über die Pfütze und berührte das Gesicht der Prinzessin.

Abermals fiel eine Maske, so dünn wie die Haut einer Zwiebel, in seine Hand, kräuselte sich nach oben und verdorrte wie ein welkes Blatt. Er blies es fort. «Du mußt nun etwas essen, bevor wir fortfahren», sagte der alte Mann und gab ihr einen kleinen Korb mit Früchten, Käse, Brot und Nüssen, den er hinter dem Baum hervorgeholt hatte. Maeve nahm es dankbar an und aß. Der Mann saß in seine eigenen Gedanken versunken da und wartete, bis sie fertig war. Ohne ein Wort zu sagen, gab Maeve ihm den leeren Korb zurück, und ohne ein Wort zu sagen, stellte er ihn hinter den Baum. Dann befahl er: «Schau noch einmal in die Pfütze und sage mir, was du siehst.»

Die Tage gingen vorüber, und jeder verlief auf gleiche Weise. Wenn Maeve des Morgens aufwachte, war bereits der alte Mann da und wartete auf sie. Er holte dann den kleinen Korb mit Nahrung hervor und wartete geduldig, während sie aß. Dann lenkte er ihre Aufmerksamkeit auf das Spiegelbild in der Pfütze. Sobald sie den jeweiligen Gesichtsausdruck erkannt hatte, nahm er ihn von ihrem Gesicht. Die Arbeit war ermüdend. Sie konnte nur wenige Gesichtsausdrucke an einem Tag deuten. Wenn sie müde wurde, sagte der alte Mann, daß sie schlafen solle - ihre Arbeit würde am nächsten Morgen wieder beginnen.

Eines Nachts sah Maeve vor ihrem geistigen Auge das Schloß wieder. Der Turm war zum größten Teil verfallen, und die Gestalt aus Licht hatte mehr als die Hälfte der Stufen erklommen. An dem Morgen erwachte sie glücklicher, als sie lange gewesen war.

Die Gesichtsausdrücke, die sie in der Pfütze sah, wurden jedoch immer subtiler und dementsprechend schwierig zu identifizieren. Bald kam ein Tag, an dem der alte Mann interessiert zuschaute, als sie sich anschickte, in die Pfütze zu schauen. Mit gutem Grund: sie sah dort einen Gesichtsausdruck, den sie niemals zuvor gesehen hatte oder sich hätte vorstellen können, daß ihn irgend jemand hatte. Es war ein grausamer Anblick, ein Anblick von nacktem Haß und Stolz. Es war ihr eigenes Gesicht, beraubt von allen äußeren Masken, und es war fürchterlich anzusehen. Die Spiegelung hielt sie sehr gefangen. Ein starkes Schaudern ging durch ihren Körper, und sie begann heftig zu zittern. Mit all ihrer Kraft zog sie ihre Aufmerksamkeit von dieser hypnotischen Spiegelung fort, und nachdem sie einen Moment direkt in die Augen des alten Mannes gesehen hatte, schloß sie ihre Augen. Daraufhin ereigneten sich drei außergewöhnliche Dinge zur gleichen Zeit. Die Stimme in ihr schrie lauter als zuvor: «Laß mich heraus!», und ihre eigene Stimme rief: «Ich möchte nicht sterben!», und der alte Mann faßte über die Pfütze und berührte ihre

Stirn, und ihr Kopf fiel wie ein überreifer Apfel platschend in die Pfütze vor ihr.

«Nun bin ich nichts!» schrie die Prinzessin auf, weil sie nur einen starken Wind spürte, wo ihre Ohren sein sollten.

«Nicht im geringsten», sagte der alte Mann, als er den Kopf der Prinzessin aus dem Wasser hob. «Schau noch einmal hin, Maeve, und sieh, wer du wirklich bist.»

Und Maeve beugte sich nochmals vor, um in die Pfütze zu sehen, und sie sah nur die Gestalt aus Licht, die sie ebenfalls anstarrte, und ihr Gesicht leuchtete wie die Sonne. «Aber wir sind dann gleich, Ihr und ich», keuchte sie und starrte den alten Mann an.

«Natürlich», frohlockte er, «denn es steht geschrieben: Er ist es, der in dir wünscht, und Er ist es, der gewünscht wird. Er ist alles, und Er macht alles, falls du Ihn erkennen kannst.» Und die beiden saßen da, niemand weiß wie lange, vergessen und vertieft und lächelten einander an.

«Was ist das für ein Lärm, den ich höre, mein Vater?» fragte Maeve, «er ist lauter als alle anderen Geräusche des Waldes.»

«Es ist der Schrei von allen anderen Gefangenen der Welt, die bitten, erlöst zu werden», antwortete der alte Mann. «Meine Tochter, du mußt jetzt zu ihnen gehen und ihnen sagen, was sie tun sollen.»

Nathan

Nathan hatte keine Ahnung, welche Kraft oder Macht ihn zu diesem abgelegenen Ort gezogen hatte; aber hier war er nun und wanderte langsam eine namenlose, unbefestigte Straße in einem entlegenen Gebiet des Landes entlang, wobei er tiefe Wälder bewunderte, die auf beiden Seiten im Oktoberlaub glühten, und er fühlte sich wundervoll erregt wie noch nie in seinem Leben. Bei der Wegbiegung ging er ziemlich schüchtern an der Menschenmenge nahe dem alten Bauernhaus vorbei und lenkte seine Schritte zu dem Weg auf der einen Seite des Hauses, der einen schmalen Abhang hinunterlief und zu einem offenen Platz mit einer kleinen Quelle führte. Seine unerklärliche Aufregung wurde noch größer, als er das Holzhaus am Ufer des Gewässers sah; es sah so einfach und wohnlich aus wie eine für einen König gebaute Hütte. Er ließ sich bei einigen anderen Leuten nieder, die still auf dem grasbewachsenen Boden saßen, und sein Gefühl gespannter Erwartung wuchs. Er hatte mit niemandem gesprochen, hatte niemanden erkannt, und doch fühlte er sich an diesem friedvollen Ort ganz zu Hause.

Schließlich öffnete sich die Tür des Hauses, und ein Mann kam heraus, um die Leute zu begrüßen, die auf ihn warteten. Nathan studierte ihn, wie er es mit den meisten Menschen tat, denen er begegnete, und entschied schnell, daß er bei seinem vielen Umherwandern noch nie so ein warmes und mitleidvolles Gesicht gesehen hatte. Der Mann war so natürlich und zugleich so würdevoll. Nathan bemerkte, daß er mit den anderen die Hände faltete und sich verbeugte, um den Gruß des Mannes zu erwidern. Als der Mann zu sprechen begann, wurde er gewahr, wie ruhig seine Umgebung geworden war. Kein Wind bewegte die trockenen Blätter in der kalten, klaren Luft; die Wolken schienen gänzlich still zu stehen. Es war, als sei der Himmel selbst der Erde näher gekommen, um den sanften Worten des Mannes zu lauschen. Er sagte: «Einmal lebten wir alle im Schoße Gottes, und jetzt sind wir unfähig, unseren Weg zurück zu unserer wahren Heimat zu finden. Was wir brauchen, ist einer, der sich selbst von diesem irdischen Gefängnis befreit hat, einer, der auch uns befreien und zurück in den Schoß Gottes führen kann, der alle Seligkeit, alles Licht und alle Freude ist.»

Bei dem ersten Satz des Mannes erfüllte ein reißender Schmerz Nathans Herz und blieb darin. Unverwandt hörte er zu, wagte kaum, sich zu bewegen, aus Furcht, es könne ihm auch nur eine einzige kostbare Silbe der Worte entgehen, um deretwillen es ihn so unwiderstehlich hierher gezogen hatte. Und sein Herz wurde wund. Wenn die Augen des Mannes, die ständig über die zu ihm erhobenen Gesichter wanderten, sich auf Nathan richteten, schien es ihm, als käme ein Regenbogen aus ihnen hervor, der sich an seine Augen heftete und dabei unmittelbar ein stärkeres Band herstellte als die Schnur, die ihn einst an seine

Mutter gebunden hatte. Und in diesem Augenblick war Nathan für immer an diese Kraft verloren, die in dem Mann offenbart war. «Ich gehöre zu dir, tu mit mir, was du willst», sagte er in seinem Innern zu dem Mann. «Was auch immer du von mir verlangst, wie schwierig es auch sein mag, ich werde gehorchen. Es gibt für mich jetzt keine andere Möglichkeit mehr zu leben.» Der Mann schaute lange in Nathans Augen und fuhr dann fort: «Gott sagt: Ich bin der verborgene Schatz in dir. Warum kommst du nicht, um mich zu finden?»

Und wieder sagte Nathan innerlich: «Was auch immer du sagst, das soll meine Aufgabe sein.»

Während er dasaß und unentwegt zu dem Mann hinaufschaute, schien es Nathan, als säße der Mann vor einer offenen Tür, einer riesigen Tür, die sich zu der allein wirklichen Welt hinter ihm öffnete. Tief in seinem Innern hörte er die alten, alten Worte: «Ich bin der Weg und die Wahrheit und das Leben; niemand kommt zum Vater denn durch mich.» Das Gesicht tränennaß, senkte Nathan seinen Kopf bis zum Boden.

Am nächsten Morgen zeigte der Mann Nathan einen Schimmer jenes Schatzes, von dem er gesprochen hatte, damit Nathan dessen, was er suchte, sicher sei. Und es war, als ob ein großer Stein von der Mitte eines Berges weggerollt worden wäre, und der Glanz vieler Sonnen war zu sehen. Nathans Atem stand völlig still. Als die Vision vorüber war, zog sich sein Herz in seinem Innern wieder zusammen, und er gelobte: «Ich werde dieses Licht suchen, wenn es sein muß, mein ganzes Leben lang, aber ich werde es ausgraben.» Nachdem er ihm für sein Geschenk gedankt hatte, nahm er Abschied von dem Mann und ging in die Welt zurück, um mit seiner Arbeit zu beginnen.

Nathans Leben änderte sich dramatisch. Nicht, daß er jemals stark an die Freuden dieser Welt gebunden gewesen wäre, jetzt aber aß er nur noch einfachste Nahrung; er las nur die Lebensberichte anderer «Schatzsucher». Es war ihm gleichgültig, welche Arbeit er in der Welt verrichtete, um seinen Lebensunterhalt zu verdienen; er blieb soviel wie möglich allein und lenkte seine Aufmerksamkeit auf das wunderbare Licht in seinem Innern und auf den Mann, der ihn befähigt hatte, es zu sehen. Wenn er unter Menschen sein mußte, tat er sein Bestes, um freundlich, hilfsbereit und liebevoll zu sein, so wie der Mann, der ihm geholfen hatte.

Aber es war ein langer, mühsamer Prozess. Meistens war kein Licht da, nur die Erinnerung daran; der Dunkelheit in ihm schien eine steinerne Dichte und Schwere eigen zu sein. Er fühlte sich wie ein Bergmann, der, mit einem Eispickel und seinen bloßen Händen ausgerüstet, vor einem riesigen Berg steht, einem Berg von Wünschen und scheinbar endlosem Selbstbetrug, vor seinem eigenen Berg. Das Graben war eine entmutigende Arbeit. Zeitweise schien der Berg undurchdringlich, und dann rief er verzweifelt nach dem Mann um Hilfe. Jedes Mal, wenn er es tat, kamen einige Worte klingend in sein Herz, um ihn zu beruhigen: «Hab Geduld, Rom wurde nicht an einem Tag erbaut. Du weißt, daß am Ende des Tunnels Licht ist. Verzweifle nicht! Schöpfe neuen Mut und grabe tiefer! Suche, so wirst du finden.» Und dann war ein schwacher Strahl da, ein Lichtschimmer durch den ganzen schweren Felsen und Stein hindurch; dann erinnerte er sich an das prachtvolle Licht, das er gesehen hatte, und grub mit größerem Eifer als vorher weiter. An einer Stelle entdeckte Nathan, daß ihm noch ein anderes Werkzeug zur Verfügung stand: seine Aufmerksamkeit. Er fand heraus: je genauer er seine Aufmerksamkeit auf die vor ihm liegende Arbeit richtete, desto tiefer drang er in den Berg ein. Die Wirkung war wie die eines Laserstrahles.

Jahrelang grub Nathan immer weiter. Sein Tunnel in den Berg seiner selbst begann sich auszudehnen. Er fand nun die Kraft, im Wege liegende Felsblöcke nach und nach immer leichter aufzuheben. Er entdeckte auch, daß seine Aufgabe um so leichter wurde, je mehr Hilfe er von dem Mann erbat. Aber selbst während er arbeitete, selbst als der Weg sich langsam vor ihm öffnete, fühlte sich Nathan dem Licht nicht näher.

Irgendwo war etwas nicht in Ordnung. Irgendein unverrückbares Hindernis schien seinen Weg zu blockieren; und das Bewußtsein dieser Situation quälte ihn sehr und ließ ihn keinen anhaltenden Frieden finden.

Einmal geschah es, daß er an einem Ort Leute besuchte, die er einige Jahre zuvor unter unglücklichen Bedingungen verlassen hatte. Er sah, daß er auf die Situation so reagierte, wie er es vor der Begegnung mit dem Mann getan hätte. Er erkannte, daß er von Selbstsucht, Ärger, Groll und Schmerz erfüllt war. Ein alter Freund sagte zu ihm: «Du siehst, Nathan, dein gegenwärtiges Leben mag sich geändert haben, aber diese Dinge sitzen sehr tief. Du mußt sie untersuchen, ihre Ursachen herausfinden und dann von ganzem Herzen jedem vergeben, der dich in der Vergangenheit angegriffen hat.» Nathan weinte und sagte zu seinem Begleiter: «Diese Dinge sitzen so tief, daß ich sie nicht verstehe. Sie müssen nahe dem unmittelbaren Kern des Berges verwurzelt sein. Wie kann ich jemals hoffen, sie auszumerzen?» In seinem Unglück gingen seine Gedanken zu dem Mann und zu einigen Worten, die er noch in Erinnerung hatte: «Ihr müßt zu euch selbst wahr sein, zu Gott in euch, der alles sieht und alles weiß. Wie lange wollt ihr diesen Kummer in eurem Innern mit euch herumtragen und dabei denken, daß ihn niemand sieht?» Und auch andere Worte kamen ihm in diesem Augenblick in den Sinn: «Gott wohnt in jedem Herzen. Wenn ihr das wißt, im Innersten eures Herzens wirklich wißt, könnt ihr dann die Gefühle irgendeines Menschen verletzen?»

Etwas später in dieser Nacht, als Nathan sehr niedergeschlagen nach Hause zurückkehrte, hatte er einen seltsamen Traum. Er träumte, er wäre ein kleines Kind, das mit seinem Vater vor dem glänzenden Tor eines großen, goldenen Palastes stand. Das Kind weinte untröstlich. Der Vater war liebevoll, aber bestimmt. «Aber ich möchte nicht gehen», flehte das Kind jämmerlich, «ich liebe hier alles, und ich sehe dich oft.» «Es bleibt dir keine Wahl, mein Sohn», antwortete der Vater, «selbst dieser Ort ist nicht deine wahre Heimat. Ich möchte, daß du den ganzen Weg zurückkommst, um für immer bei mir zu bleiben, und das ist allein auf diese Weise möglich.» «Wie lange muß ich fort sein?» schluchzte das Kind, «ich fürchte, ich werde nicht fähig sein, woanders als hier und bei dir zu leben.» «Ich will dir zwei Erleichterungen gewähren, mein Kind. Die Täuschung wird für dich dort unten schnell vergehen, und ein strebsames Herz wird die Reise beschleunigen.» Widerstrebend, aber gehorsam, hielt es die Hände seines Vaters fest und blickte zum letzten Mal auf den strahlenden Glanz, den es so lange sein Zuhause genannt hatte. «Geh», sagte er, während er sanft seine Hände losließ, «die Sterne sind bestimmt, die Familie ausgewählt, der Weg vorgezeichnet. Am Ende des Weges wirst du deine Rückkehr beginnen. Zaudere nicht, mein Sohn, ich werde auf dich warten.» Und als das Kind zu ihm aufschaute, strömte das Gesicht seines Vaters allen Glanz um sie her aus. Er nahm einen letzten Atemzug von dieser duftenden, klingenden Luft, riß seinen Blick von seines Vaters Gesicht los, stürzte sich in den dunklen Brunnen, der zu ihren Füßen lag, und wurde in die physische Welt geboren.

Nathan erwachte in einem Anfall von Schmerz. Laute Wutschreie zerrissen die Luft. «Ich wollte nicht geboren werden! O Gott, ich wollte wirklich nicht geboren werden!» Außer sich vor dieser nie befreiten Leidenschaft, warf Nathan einige Kleider über, stürzte aus dem Haus und lief in die umliegenden Wälder. Er rannte durch die Büsche, ohne darauf zu achten, ob seine Ärmel zerrissen oder seine Stiefel schmutzig wurden. In seinem Kopf raste es; so viel Erkenntnis kam ihm auf einmal. Oft hielt er an und schrie aus Leibeskräften. Schmerz und Ärger schienen von den Zehen herauf hochzusteigen. Er sah zum allerersten Mal die vergrabenen Gefühle des Hasses und Grolls gegen Gott und die Menschen, die er in seinem Herzen herumgetragen und die er so lange vor sich selbst, vor Gott und vor anderen zu verbergen gesucht hatte. Er fühlte sich elend, er gestand sich ein, wie er von ihnen Gebrauch gemacht hatte, um sich von der Welt und seinen Mitmenschen auf höchst unnatürliche Weise zurückzuziehen. Und er erkannte mit wachsendem Entsetzen, daß alle diese Gefühle gegen Gott, nicht gegen die Menschen gerichtet waren, und er zitterte, die Tiefen seiner eigenen Absonderung zu sehen.

Mit einem weiteren lauten Schrei warf sich Nathan zu Boden; da lag er und weinte sein Herz aus. Er begriff, daß er jetzt die ganze Schöpfung umarmen mußte, um Gottes willen, so wie er sie in der Vergangenheit um seiner selbst willen abgelehnt hatte. Das Gesicht am Boden, bat er den Mann, für ihn Fürsprache einzulegen, ihm seine Torheit zu vergeben und um die Gabe, anderen vergeben zu können. Und bald war sein ganzes Wesen in die Wasser allumfassender Vergebung und Liebe getaucht, ja, man könnte sogar sagen, mit ihnen getauft.

Und in dem Berg seiner selbst wurde mit einem Geräusch wie Donner der letzte große Stein für immer fortgerollt, und Nathan erblickte wieder das Licht von vielen Sonnen. Die Mauern, die es verborgen hatten, schienen sich in nichts aufzulösen, und alles um ihn her war Licht. Mit großer Erleichterung und Freude trat Nathan in das Licht ein und umfaßte es und wurde danach eins mit ihm.

Die gegenseitige Hilfe bei der Suche nach Gott

«Die Nächstenliebe beginnt zu Hause.»
Einst lebten zwei Gefährten, ein Mann und eine Frau, und sie liebten einander aufrichtig. Zu einem Zeitpunkt ihres gemeinsamen langen Lebens erhielt die Frau eine Aufforderung, einen gebieterischen Ruf, eine weite, weite Reise zu einem sehr entlegenen Ort anzutreten. Der Eine, der sie gerufen hatte, wartete dort auf sie. Er sandte seine beiden Diener, Licht und Musik, um sie auf ihrem Wege zu leiten. Die Frau begann die Reise, sie hatte keine andere Wahl. Sie liebte die Musik und das Licht, und sie wußte, daß sie den Einen, der sie gerufen hatte, mehr als die ganze Welt lieben würde. Der Mann jedoch hatte keinen Ruf erhalten. Er wußte auch nichts von dem Einen, der rief, und von seinen beiden Dienern Licht und Musik. Da er aber seine Frau aufrichtig liebte, beschloß er, sie auf ihrem Wege zu begleiten.

Sogleich aber erhoben sich Schwierigkeiten zwischen ihnen. Die Frau wurde so berauscht von der Aussicht auf die Reise und durch die beiden Führer und war so versunken in ihre Träume in bezug auf das, was sie an diesem wunderbaren, entlegenen Ort erwarten würde, daß sie ihren Begleiter sehr vernachlässigte und ihn schließlich - so war ihr Gemütszustand - als ein echtes Hindernis auf dem Wege betrachtete. Der Mann wiederum wurde sehr ärgerlich. Es schien, als verlöre er seinen geliebten Gefährten an etwas, das er nicht kannte. Er fing an, verletzende Worte zu ihr zu sagen, und versuchte, sie davon abzuhalten, die Reise zu machen. Aber wenn sie sich umschaute, bekam sie einen Schrecken; ihre Augen nahmen dort nichts wahr, hinter ihr war nur leerer Raum und Nebelschleier. Für sie öffnete sich der Weg nur nach vorne, es gab keinen Rückweg. Sie stritten ernstlich miteinander. Der Mann drohte, sie zu verlassen. Die Frau gab vor, daß sie sich nicht darum kümmere, aber das Herz war ihr sehr schwer. Sie beschloß, den Weg weiterzugehen, auch wenn sie allein sein würde.

Da erschien ihr in einer Schau der Eine, der von dem weit entlegenen Platz nach ihr gesandt hatte. Sein schönes Gesicht war sehr ernst, und aus seinem Verhalten erkannte sie, daß er ganz und gar nicht zufrieden war. «Was tust du da - alleine zu reisen?» fragte er die Frau. «Hast du keinen Gefährten?»

«Ich hatte einen», flüsterte sie von Ehrfurcht ergriffen durch seinen Anblick und ganz erschrocken, daß sie ihm so mißfallen hatte, «aber er ging weg.»

«Dann geh zu ihm zurück, die Nöte deines Gefährten haben Vorrang. Mache ihn glücklich, und dann kannst du den Weg fortsetzen. Alles, was du zu tun hast, ist, ihn zu lieben. Und denke daran, je größer eure Liebe zueinander wird, um so größer wird deine Liebe für mich werden.» Und dann war er verschwunden.

Voll von Gewissensbissen wegen all ihrer Starrköpfigkeit und auch erfüllt von dem Wunsch, dem Einen zu gehorchen, der sie um jeden Preis hatte rufen lassen, eilte die Frau zu ihrem Mann, der gedankenverloren an einem Flußufer saß. «Ich habe es in letzter Zeit nicht zustandegebracht, daß du froh aussiehst», sagte sie sanft. «Es tut mir so leid, daß ich dich verletzt habe. Ich hatte solche Scheuklappen an, ich denke, sie sind nun fort.» Sie kniete sich zu seinen Füßen nieder und schaute empor in sein Gesicht: «ich liebe dich noch wirklich.» Der Mann schaute auf sie herab, sein Auge verdunkelte sich vor Schmerz. «Ich glaube dir nicht», sagte er. «Du mußt es mir beweisen. Allein die Zeit wird die Wahrheit oder die Unwahrheit deiner Worte zeigen.»

Und sie begannen ihr gemeinsames Leben noch einmal. Die Frau wußte, daß sie sich irgendwie noch auf der Reise befand, obwohl sie nirgends hinging, und der Mann bekam allmählich Vertrauen und war zufrieden. Wenn die Frau gelegentlich in ihre alten Träumereien fiel, holte der Mann sie daraus zurück und sagte, manchmal ärgerlich, manchmal sorgenvoll: «Wir müssen zueinander völlig offen sein; ich brauche dich hier bei mir, nicht bei einer Träumerei.» Oft weinte sie in einer seltsamen Mischung aus Leid und Danksagung; es schien ihr, sie sei weit von ihrem Weg abgekommen, den Einen zu sehen, den sie mehr als die ganze Welt zu lieben gelernt hatte, und doch bemerkte sie, daß ihr Gefährte ihr auf der Reise half, indem er sie zwang, seinen Wünschen zu folgen. Und sie wollte ja gehorchen; auch wenn ihr törichtes Gemüt protestierte, ihr Herz wollte gehorchen. Die Frau bemerkte, daß sie mit nichts Erfolg hatte. Wenn sie gänzlich strauchelte, so war es der Mann, der sie zurechtwies, Änderungen verlangte, sie wiederum auf die rechte Bahn wies.

Dieser Vorgang währte eine gewisse Zeit lang. Als sich aber die Aufmerksamkeit der Frau mehr und mehr auf ihren Begleiter konzentrierte und immer weniger auf sich selbst, da wurde sie gewahr, daß ihr Begleiter kein anderer als der Eine war, der nach ihr gesandt hatte, in einer anderen Gestalt, und sie war von einem Gefühl der Dankbarkeit für solch ein großes Geschenk überwältigt. Ohne ihren Gefährten hätte sie die Reise überhaupt nicht antreten können. Und hätte sie es getan, so wäre sie ohne ihn viele irreführende Umwege gegangen. Immer wieder war es seine Kritik, seine Aufmerksamkeit, die sie auf dem rechten Weg hielten. All sein Antreiben und Drängen sollte sie nur für den wahren Anfang öffnen, das Durchschreiten des ersten Tores, um den Einen zu finden, der dort mit ausgebreiteten Armen stand. Sein Gesicht strahlte vor Liebe und Freude: «Ich habe sie hierher gebracht», sagte der Mann. «Du hast es recht gemacht, mein Sohn,» erwiderte der Eine. «Nun ergreift jeder eine Hand von mir, und laßt uns den Rest der Reise gemeinsam zurücklegen.»

Bring dein Haus in Ordnung

Ein Stück Weges den Berg empor lag der Pilger ausgestreckt im Geröll. Zitternd, erbärmlich, unfähig weiterzugehen, war er zu erschöpft, auch nur sein Gesicht im Staub zu bewegen. Er lag da und versuchte aus Leibeskräften, die Schatten vor seinen Augen zu verjagen, die seinen Sturz verursacht hatten. Doch die Schatten schwanden nicht. Sie hafteten an seinen Augen, in dem Raum hinter seinen Augen; sie hielten ihn fest. Endlich stöhnte der Pilger auf und weinte laut: «O Herr, was soll aus mir werden? Ich bin bedrängt, ich kann mich nicht bewegen!»

Plötzlich war eine große Ruhe um ihn und eine große Wärme. Etwas berührte seine ausgestreckte Hand. Der Pilger raffte sich langsam auf und sah nach oben, indem er angestrengt durch den ununterbrochenen Strom von Schatten um seinen Kopf blinzelte. Sein Herr stand vor ihm, ein Mensch wie jeder andere, bis auf die große Stille, bis auf die große Wärme, die ihn umgab. Auf seinem Gesicht lag ein Ausdruck solch tiefen Verstehens und solcher Barmherzigkeit, daß der Pilger aufs neue weinte, als er es sah.

«Ich habe so sehr gewünscht, zu Euch zu kommen», schluchzte er. «Ich bin so tapfer aufgebrochen, mit solchem Streben...»

«Was ist mit deinem Haus?» fragte der Herr.

In ihrer Bewußtlosigkeit hörte sie nicht das laute Klappern der Hufe, die eilends über die große Ebene kamen, obwohl sie die Ohren so nahe am Boden hatte. Sie fühlte nicht die starken Arme, die sie zärtlich in den Sattel hoben, um den Weg nach Hause fortzusetzen.

Behutsam nahm der Vater sie vom Pferd herunter und trug sie in den Palast. Vorsichtig legte er sie in einem weichen Bett auf Seidenkissen nieder. Er flößte ihr etwas kräftigende Brühe ein und gab ihr mit seinen eigenen Händen einige Stückchen Brot. Sobald sie sprechen konnte, drückte die Prinzessin die Hände des Königs an ihr Herz und flüsterte: «O Vater, geh nicht wieder fort, ich bitte dich, geh niemals wieder fort.»

Ihr Vater antwortete, und seine Augen flossen vor Liebe über: «Sorge dich nicht, mein geliebtes Kind, es wird nie wieder geschehen.»

Und die Prinzessin? Sie blühte auf wie ein Gänseblümchen in der Sommersonne.

ohne ihn schien ihr sinnlos zu sein. Sie weinte oft und begann, traurigen Herzens im Palast umherzuwandern.

Sie beschloß, ihrem Vater einen Brief zu schreiben. Darin stand, daß zu Hause alles in Ordnung sei. Sie übermittelte ihrem Vater ihre Liebe und besten Wünsche für einen angenehmen Aufenthalt, der bald beendet sein möge. Der Brief wurde abgeschickt; ungeduldig erwartete sie die Antwort ihres Vaters. Aber es kam keine.

Aus Tagen wurden Wochen, ohne ein Wort, ohne ein Zeichen. Der bedrückte Zustand der Prinzessin verschlimmerte sich. Alles, was sie sah, tat oder hörte, diente nur dazu, sie an ihren abwesenden Vater zu erinnern. Sie setzte ihre Arbeit, wenn auch mehr als halbherzig, fort, weil sie eine pflichtbewußte Tochter war, aber sie hatte keine Freude daran, und bald kam der Tag, an dem ihr Tränenfluß Stickgarn und Tuch tränkte, so daß selbst Sticken und Stricken, ihr liebster Zeitvertreib, unmöglich wurden.

Sie schrieb dem König einen zweiten Brief. Wieder sagte sie ihm, daß zu Hause alles beim Rechten sei, und sandte ihrem Bruder liebe Grüße. Diesmal gab sie jedoch zu, daß sie ihren Vater sehr vermisse und bat ihn, bald nach Hause zu kommen. Der Brief wurde aufgegeben. Sicherlich würden diese Worte eine Antwort hervorrufen! Doch wieder kam nichts, kein Wort, kein Zeichen.

In den darauffolgenden Wochen wurde die Prinzessin untröstlich. Selten verließ sie ihr Turmzimmer, sahen, daß sie die Bedingung des Königs erfüllt hatte, gingen sie zu ihr und sagten ihr, daß er tatsächlich in der letzten Nacht fortgegangen sei, um ihren Bruder in seinem entfernten Reich zu besuchen.

Die Prinzessin war sehr dankbar für die Auskunft, aber sie konnte nicht verstehen, warum ihr solch eine Reise verschwiegen wurde; bis dahin hatte es keine Geheimnisse zwischen ihrem Vater und ihr gegeben, zumindest hatte sie das immer gedacht. Aber schließlich erhellte sich ihr trauriges Gesicht, als sie an all die Dinge dachte, die sie in seiner Abwesenheit tun könnte. «Er wird bestimmt nicht lange fortbleiben», tröstete sie sich selbst.

Eine Zeitlang blieb die Prinzessin recht geschäftig und guter Dinge. Sie besuchte fleißig alle ihre Unterrichtsstunden, lernte neue Tänze, unterhielt Gäste und Freier, wie ihr Vater es ihr beigebracht hatte. Sie übernahm weiterhin alle Verantwortlichkeiten ihres jungen Lebens, bis sie begann, einen Wandel in ihrer Haltung all diesen Dingen gegenüber festzustellen. Zunächst war die Veränderung sehr gering, zu gering, um bemerkt zu werden. Ihr Interesse für ihre Umgebung ließ nach; was sie auch unternahm, sie konnte ihre Aufmerksamkeit nicht dabeilassen. Ohne die Gegenwart ihres Vaters wurde allmählich alles schattenhaft, denn er hatte den Dingen ihren Glanz und Inhalt gegeben. Dann begann sie zu verstehen, daß sie ihre Freier ohne den weisen Rat und die Führung ihres Vaters nicht ernstnehmen konnte. Wie vollkommen sie von ihm abhängig gewesen war! Ein Leben

Dieser Brief wurde in großer Eile abgesandt, und die Prinzessin verbrachte den Rest des Tages im Bett, zu erschöpft, um selbst am Fenster die gewohnte Ausschau zu halten.

Am nächsten Morgen erwachte die Prinzessin jedoch mit einem Gefühl großer Hoffnung. In ihrem Herzen wußte sie, daß der König endlich kommen würde. Mit ungewohnter Kraft und Entschlossenheit stand sie vom Bett auf, badete sich und zog ihr schönstes Kleid an. Sie hatte beschlossen, ihrem Vater bei seiner Heimkehr entgegenzugehen. «Er wird nach der langen Reise hungrig und durstig sein», dachte sie und füllte einen Korb mit Brot und Früchten und einem Krug Quellwasser, bevor sie den Palast verließ. Sie pflückte eine makellose rote Rose aus seinem Lieblingsgarten, flocht sie in ihr dunkles Haar und ging auf die Straße hinaus.

Vom Palasttor aus verlief die Straße meilenweit durch eine flache, unfruchtbare Ebene. Die Prinzessin mußte langsam gehen, da sie sehr schwach war. Wie sie so ging, gewahrte sie viele lose Steine, die auf der Straße herumlagen. «Sie sind nicht gut für die Hufe der Pferde», bemerkte sie. «Das Pferd meines Vaters könnte stolpern und ihn zu Fall bringen.» Das war ein schrecklicher Gedanke. Sofort setzte sie den Korb ab und begann, alle Steine von der Straße aufzuheben. Nach kurzer Zeit in der heißen Sonne war es zuviel für sie; sie wurde schwindlig und ohnmächtig und fiel mitten auf der Straße zu einem kleinen blauen Häufchen zusammen.

außer um jeden Tag den Rosengarten ihres Vaters zu besuchen, wo sie sich eine Zeitlang, abgeschieden von der Welt, hinsetzte. Die meiste Zeit des Tages, bis spät in die Nacht hinein, saß sie an ihrem Fenster und schaute nach Osten, in die Richtung, in der das Königreich ihres Bruders lag und aus der der ersehnte Vater heimkehren mußte.

Sie vernachlässigte ihre Studien und ihren Unterricht; sie wies ihre Freier ab, sie wollte keine Besucher mehr sehen. Nichts konnte sie vom Denken an ihren Vater abbringen. Die Erinnerungen an ihre gemeinsamen Jahre beherrschten sowohl ihre Stunden des Wachseins als auch ihre Träume. Zuletzt begann sie, sich selbst zu vernachlässigen. Warum sollte sie schön aussehen, sich anmutig bewegen, ihren Verstand schulen oder ihre künstlerischen Neigungen pflegen, wenn kein Grund mehr dafür vorhanden war, wenn niemand an ihr Gefallen zu finden brauchte? Ja, warum sollte sie essen? Warum sollte sie leben?

Der gesamte Palast war um sie besorgt. Die Minister strichen sich ihre Bärte und blickten sehr ernst; die Mägde schüttelten bekümmert ihre Köpfe und wischten sich die Augen mit den Zipfeln ihrer gestärkten weißen Schürzen. Keiner äußerte neidisch oder argwöhnisch, daß ihre Liebe keine Grenzen kenne.

In dieser verzweifelten Lage schrieb die Prinzessin dem König einen dritten Brief. Er war ganz kurz und lautete: «Wenn du mich noch lebend antreffen willst, komme unverzüglich nach Hause. Ich kann keinen Tag mehr ohne dich leben.»

Dann ging der Pilger zurück in den zweiten Raum, öffnete alle Fenster, entzündete alle Lampen und fegte und wischte und polierte, bis da nicht mehr der Schatten eines Schattens des Schmerzes war, der darin so lange gelebt hatte.

Der Schmerz und der Pilger verbrachten viel Zeit zusammen. Auch sie wurden enge Freunde, bis es in dieser Welt keine Sorge und keine Pein mehr gab, die der Pilger nicht kannte. Doch merkwürdigerweise wurde die Schattengestalt, je länger ihre Freundschaft dauerte, immer undeutlicher, bis eines Tages, als Abendlicht durch das funkelnde Fenster auf der Westseite der Feuerstelle schien, der Schmerz überhaupt nicht mehr da war. Und der Pilger nahm einen tiefen Atemzug und ging seinen Weg weiter zur dritten Tür.

Dieses Mal überfielen ihn die Schatten im Korridor und wüteten um seinen Kopf, bis er fast den Mut verlor, meinte, verrückt zu werden, und sich zur Flucht in die warme Vertrautheit der mittleren Kammer wandte. Doch «Halt!» sang die Stimme in den Tiefen seines brennenden Herzens, «hast du vergessen, daß ich immer bei dir bin? Wer, denkst du denn, Geliebter, tut wirklich diese ganze Arbeit?» Beschämt, doch auch ermutigt wandte der Pilger fest entschlossen seine Schritte wieder zur dritten Tür. Die Hitze war überwältigend, und sie war überhaupt nicht wie die Wärme des Herrn. Es war ein rotheißer Feuerstoß, eine leidenschaftliche Wut, die ihn einhüllte, als er dort stand. Aus seinen Fingerspitzen, seinen Zehen, seinen Gedärmen, aus seinem ganzen Sein fühlte er die Gewalt emporkochen, und indem er seine Kehle in wildem Zorngebrüll öffnete, stieß er die Tür auf und schritt hinein. Die Hitze hörte ganz plötzlich auf. Die schemenhafte, löwenartige Gestalt, die ganz wie er aussah und wutschnaubend in dem trübe erhellten Raum auf- und abstampfte, überraschte den Pilger nicht. «Komm mit», sagte er tapfer und nahm das Geschöpf fest beim Arm. «Du und ich werden über vieles sprechen müssen!»

Nun, es nahm mehr Zeit in Anspruch als bei Furcht und Schmerz, doch zu gegebener Zeit schloß der Pilger auch mit dem Zorn Freundschaft. Und zuletzt verschwand die Schattengestalt, die des Pilgers Zorn war, auf die gleiche Weise wie Furcht und Schmerz.

So war nur noch eine ungeöffnete Tür zurückgeblieben, doch es dauerte viele Jahre, bis sich der Pilger dazu bringen konnte, ihr gegenüberzutreten. Eines Tages dachte er an seinen Herrn und erinnerte sich daran, daß er gesagt hatte, das Haus müsse vollkommen in Ordnung sein, bevor - bevor sich irgend etwas wirklich Gutes ereignen könne; und weil das Feuer in seinem Herzen an diesem Tage ganz besonders hell brannte, stellte er fest, daß sich seine Schultern strafften für diesen letzten, schwersten Kampf.

Die Schatten waren diesmal mehr als Schatten, die an seinen Augen hafteten, an dem Raum hinter seinen Augen: es waren Formen, sich bewegende, sündige,

Und es dauerte nahezu ein Jahr, bis der Pilger genug Mut bekommen hatte, um vor der ersten der vier ungeöffneten Türen zu stehen, nun in dem Wissen, daß er stark genug war, sie zu öffnen, den Raum zu betreten und allem, was ihn auch dort erwartete, ins Gesicht zu sehen und es zu bezwingen, nein, sich sogar damit anzufreunden.

Schatten scharten sich um ihn zusammen, vor seinen Augen, im Raum hinter seinen Augen, und plötzlich war er von Furcht überwältigt, er zitterte und bebte, und aus der Tiefe seines Herzens kam der Schrei: «Ich fürchte mich! Oh, ich fürchte mich so sehr!» Und mit der Kraft dieses Schreies öffnete er die Tür und stürmte hinein. Augenblicklich verschwanden all die Schatten, und zu seiner Verwunderung sah er eine schemenhafte Gestalt, die ihm selbst sehr ähnlich war, in der Mitte eines trostlosen leeren Raumes kauern und zittern und schluchzen. Des Pilgers Herz flog dem armen Geschöpf entgegen. «Komm», sagte er, «heute abend sollst du bei mir zu Gast sein.» Und er nahm es bei der Hand und führte es zurück durch den Korridor in das Hauptgemach des Hauses, wo vor einem brennenden Feuer eine große Tafel gedeckt war.

Und dann ging er zurück in den ersten Raum, öffnete alle Fenster, entzündete alle Lampen und wusch und putzte und kehrte, bis da nicht mehr der Schatten eines Schattens der Furcht war, die darin so lange gelebt hatte.

Der Pilger lebte mit der Furcht einige Zeit zusammen, und sie wurden enge Freunde, bis es nichts mehr gab, was der Pilger über die Furcht nicht wußte. Doch merkwürdigerweise wurde die Schattengestalt, je länger ihre Freundschaft dauerte, immer undeutlicher, bis eines Tages, in dem strahlenden Sonnenlicht, das durch das große Oberlicht in der mittleren Kammer kam, die Furcht überhaupt nicht mehr da war. Und der Pilger schob den Unterkiefer vor und wandte seine Aufmerksamkeit und seine Schritte zur nächsten Tür.

Er stand vor ihr im Wissen, daß er nun stark genug war, sie zu öffnen, den Raum zu betreten und allem, was ihn auch dort erwarten mochte, ins Gesicht zu sehen und es zu bezwingen, ja, sich sogar damit anzufreunden. Doch wieder zogen sich Schatten um ihn zusammen, vor seinen Augen, im Raum hinter seinen Augen, und plötzlich war er von Schmerzen erfüllt; jeder Muskel, jeder Nerv, jedes Organ in seinem Körper schrie: «Ich bin verletzt! Oh, ich bin verletzt!» Und mit der Kraft dieses Schreies öffnete er die Tür und stürzte hinein. Im Handumdrehen verschwanden alle Schatten. Zu seinem Erstaunen fand er eine schemenhafte Gestalt, ihm außerordentlich ähnlich, die sich auf dem nackten Boden zusammenkrümmte und wand. Sie hielt sich den Magen, als ob sie einen Speer oder einen Pfeil darin hatte, den sie verzweifelt herauszuziehen suchte. «O du armes Ding», brachte der Pilger hervor, «komm mit hier heraus und laß mich versuchen, dir zu helfen.» Er legte seine Arme freundlich um das Geschöpf und führte es in das Licht und die Wärme der großen mittleren Kammer, in der er den größten Teil seiner Zeit verbrachte.

«Oh, dieser Ort! Ich habe es vor langer Zeit verlassen.» Den Pilger schauderte bei der Erinnerung daran. «Es war zu dunkel und trübe und kalt.»

Der Ausdruck von Barmherzigkeit auf des Herrn Gesicht vertiefte sich.

«Lieber Freund», murmelte er, «offenbar hat es dich nicht verlassen. Die Dinge dort ruhen nicht, oder du wärest jetzt nicht von Schatten bedrängt. Du mußt dein Haus in Ordnung bringen, bevor du zu mir kommen kannst.» «Oh nein!» klagte der Pilger. «Ich will nicht den ganzen Weg zurück nach dort unten gehen! Es ist jetzt so weit hinter mir, und es gibt dort Räume, die ich nie betreten habe... Bitte helft mir, fortzuschreiten auf meinem Weg den Berg hinauf; schickt mich nicht zurück nach dort unten!»

«Geliebter Freund, es gibt keinen anderen Weg», erwiderte der Herr. «Dein Haus muß in Ordnung sein, vollständig in Ordnung, bevor du zu mir kommen kannst. Sieh, was für ein armseliges Ich du zu mir bringst, ein schwaches und furchtsames Geschöpf, das über Schatten stolpert! Heißt es nicht, du sollst lieben deinen Herrn mit deinem ganzen Herzen, deiner ganzen Seele, deinem ganzen Gemüt und mit all deiner Kraft? Komm zu mir in Fülle, nicht in Furcht!

Geh und öffne alle diese Türen, eine nach der anderen; erfülle den Ort mit Licht; kehre jede Ecke aus, bis es nirgendwo Dunkelheit gibt. Wenn das Werk getan ist, will ich selbst kommen und dich holen.»

Der Pilger weinte, lehnte sich auf, bat und rang die Hände, doch ohne Erfolg. Die Worte seines Herrn waren hart, die allerletzten Worte, die er hatte hören wollen. Doch anstatt sich erweichen zu lassen, wurde die Gestalt vor ihm streng und gebot ihm: «Ich sage dir, bring dein Haus in Ordnung oder begib dich nicht auf die Reise zu mir.» Und mit dieser letzten Erklärung war er gegangen.

Zähneklappernd und an allen Gliedern zitternd, doch brennendes Feuer im Herzen, bahnte sich der Pilger langsam seinen Weg den Berg hinab. Die Luft um ihn wurde immer undurchdringlicher vor Schatten, bis er merkte, daß er ununterbrochen mit den Armen ruderte, um überhaupt noch etwas sehen zu können, während er seine Schritte heimwärts wandte.

Müde zog er den Schlüssel aus seinem Versteck in einem alten Blumentopf, schloß die Vordertür auf, trat ein und setzte sich. Erneut rollten Tränen, als er sich zwischen dem Staub, den Spinnweben und dem kalten Herd umsah. Doch «Siehe! Ich bin mit dir alle Tage!» sang es zu ihm plötzlich aus dem Feuer in seinem Herzen, und der Pilger wußte, wenn er es im Moment auch noch haßte, hier zu sein, daß er an den rechten Ort gekommen war und daß irgendwie alles in Ordnung kommen würde.

Es bedurfte Monate für den Pilger, auch nur die oberflächlichste Putzarbeit zu erledigen. Er hatte immer gemeint, einen gepflegten Haushalt zu führen, doch genauere Untersuchung deckte viele Mißstände auf, die er früher nie bemerkt hatte.

Weitere lieferbare Titel

Hannah Hurnard

Leichtfüßig wie die Hindin

Eine Allegorie der langen Reise
in die eigenen Wesenstiefen

239 Seiten

Louis Proto

Leben oder gelebt werden

Von der Fremdbestimmung zur Selbstbestimmung

220 Seiten

Kirpal Singh

Mysterium des Todes

148 Seiten

Morgengespräche

244 Seiten

Rad des Lebens (Karma)

102 Seiten

Thakar Singh

Interviews

95 Seiten

Leben ohne Angst

130 Seiten

Wenn die Seele zu leben beginnt

538 Seiten

in ihr Gemüt drängten, die sie ausgleiten ließen und wodurch sie die Treppe immer wieder hinunterfiel. Aber ihre Liebe war stark und wuchs ständig, und sie wollte sich nicht entmutigen lassen. Hatte er ihr nach allem nicht wiederholt versichert, daß er am Ende der Treppe auf sie warte?

Nach und nach begann sie alles zu vergessen, was in der Welt um sie herum vor sich ging, da sie mehr und mehr konzentrierte Aufmerksamkeit auf das Ersteigen der Treppe verwandte. Und allmählich drängte die Liebe alle anderen Gedanken aus ihrem Gemüt, bis ihr schließlich nur der Gedanke an das strahlende Gesicht ihres Geliebten im Sinn blieb und die brennende Sehnsucht im Herzen, ihn wiederzusehen.

Schließlich kam der Tag, als sie es wieder versuchte und es schaffte, den ganzen Weg bis zum Ende an nichts anderes als an ihren Geliebten zu denken.

Und siehe da, auf der hundertsten Stufe öffnete sich eine Tür und Licht strömte heraus. Da stand er wie ein König am Tor des Palastes und öffnete seine Arme weit. «Ich wußte es, daß du eines Tages kommen würdest», sagte er und lachte dabei in ihre Augen, als er sie zu sich in die Tür zog. Dann drehte er sich um und gab ein Zeichen, das Hochzeitszeremoniell zu beginnen.

Geh nicht fort

Es war einmal ein König, der eine wunderschöne Tochter hatte. Er überschüttete sie mit Geschenken, gab ihr alles, was sie wollte, unterrichtete sie, umsorgte sie, beschützte sie, umarmte sie. Kurzum, er liebte sie sehr.

Und die Prinzessin? Sie blühte auf wie ein Gänseblümchen in der Sommersonne. Jahrelang lebten sie so, während die Prinzessin immer größer wurde, bis eines Tages der König in seinem Rosengarten spazieren ging und überlegte: «Ich weiß, meine Tochter liebt mich, aber... ich möchte wissen, wie sehr sie mich liebt.» Diese Frage ging ihm nicht mehr aus dem Sinn, und er beschloß, so schnell wie möglich die Antwort herauszufinden. In der dunkelsten Stunde der Nacht verließ er seinen Palast, begleitet von ein paar treuen Dienern, um seinen Sohn, der in einem fernen Lande weilte, für unbestimmte Dauer zu besuchen. Er hinterließ seinen Ministern die Anweisung, daß man der Prinzessin nichts von seiner Abreise sagen dürfe, bis sie selbst entdeckt hatte, daß er nicht mehr im Palast war.

Nun, die Prinzessin war sowohl ein sehr feinfühliger als auch ein sehr empfindsamer Mensch, und als sie am nächsten Morgen zum Frühstück ging und ihr liebevoller Vater sie nicht wie gewohnt begrüßte, maß sie dieser Unterlassung keine große Bedeutung bei;

ihr Vater war offensichtlich mit irgendwelchen Regierungsangelegenheiten beschäftigt und würde wohl später am Tage Zeit finden, sie zu sehen. Nachdem aber die Tanzstunde, die Geographiestunde und das Mittagessen vorbeigingen, ohne daß sie auch nur für einen Augenblick seiner ansichtig geworden war, begann das Gewissen sie zu drücken. «Vielleicht habe ich ihm irgendwie mißfallen», folgerte sie ganz unglücklich. «Wenn das so ist, muß ich ihn finden, mich entschuldigen und es wieder gutmachen.» Mit diesen Gedanken ging die Prinzessin hinaus, um den König zu suchen.

Der erste Ort, an dem sie nach ihm schaute, war sein geliebter Rosengarten. Man konnte die Wirkung seiner ständigen Anwesenheit dort in der Luft spüren, sie war so stark wie der Rosenduft, aber seine königliche Gestalt war nirgendwo zu sehen. Die Prinzessin seufzte und begann, ernsthaft zu suchen, vom Ratszimmer bis zum Thronsaal, durch scheinbar endlose Korridore, die in Speisesäle, Ballsäle, durch Putzzimmer, Vorratskammern und Küchen führten, in der Palastkapelle - sie schaute überall nach und fragte jeden. Und als sie ganz sicher war, daß sie keine Tür ungeöffnet gelassen hatte, auf jedem Stuhl und in jedem Bett nachgesehen hatte, sank sie weinend auf der Palasttreppe nieder und mußte die Tatsache hinnehmen, daß ihr Vater wirklich und tatsächlich gegangen war.

Den ganzen Tag lang hatten die Minister die Prinzessin mitleidig und besorgt beobachtet, und als sie ineinander verschlungene Formen, wie Tempelreliefs, wie alte Fresken und Malereien, wie Wörter aus Büchern, die auf einmal Körper hatten; und er fühlte seine Haut prickeln und heiß werden, und sein übriger Körper pulsierte vor reizvollen, erregenden Empfindungen. «Oh», stöhnte er, «ich will es, ich brauche es, ich liebe es!», und warf sich in den Raum. Eine Schattenfigur, halb männlich, halb weiblich, öffnete ihm ihre Arme von einem enormen Bett aus. «Ja», sagte er und starrte die Gestalt mit unendlichem Mitleid an, «ganz zuletzt werden auch wir beide Freunde werden.» Und er zog das sinnliche Geschöpf fort von den Schatten und in das Licht der großen mittleren Kammer.

Niemand weiß, wie lange des Pilgers Freundschaft mit der physischen Begierde dauerte; doch es ist gewiß, daß er alles lernte, was er lernen mußte. Und als das Schattengeschöpf, welches des Pilgers eigene Sinnlichkeit war, sich zuletzt in der klaren Luft auflöste wie die anderen vor ihm und es im Haus nirgendwo mehr Dunkelheit gab, war der Pilger ruhig und dachte, seine Aufgabe sei erfüllt.

Es war nicht so. Eines Nachts lag der Pilger vor dem Herd, und in einem Traum sah er eine kleine Tür sich öffnen und eine lange knochige Hand umhertasten, um nach seiner Hand zu greifen. In diesem Traum hatte der Pilger versucht, die Tür zu schließen, doch es war kein Schloß daran gewesen, und die knochige Hand hatte wieder nach ihm gegriffen.

Der Pilger erwachte in kalten Schweiß gebadet und mit pochendem Herzen. «Das war der Tod», sagte er zu sich selbst. «Was bin ich doch für ein Dummkopf, ich habe mir den Tod noch nicht zum Freund gemacht!» Und ohne auch nur einen Moment zu zögern, kletterte er hinauf in eine alte vergessene Mansarde an einem Ende des Hauses und öffnete die fünfte, allerletzte Tür...

Doch anstatt knochiger Finger und der Dumpfheit des Grabes war da eine vertraute Ruhe und ein singendes Licht. «Ich bin es, Geliebter», sagte der Herr. «Ich versprach, zu dir zu kommen, wenn dein Haus vollkommen in Ordnung ist, und das habe ich getan.»

Mit strahlendem Gesicht voll des Verstehens, sein Herz erfüllt von Liebe und Vertrauen, ging der Pilger zurück den Berg hinauf in der Gemeinschaft seines Herrn.

Vor der Hochzeit

Sie feierten das Fest ihrer Verlobung, und jeder war glücklich. Der zukünftige Ehemann saß wie ein König auf einem Thron, und alle Gäste scharten sich um ihn und bewunderten ihn. Die zukünftige Braut war jung und sehr schüchtern: sie warf oft einen verstohlenen Blick auf den Mann, den sie heiraten sollte, und dachte immer: «Wie kommt es nur, daß ich von all den Leuten so begünstigt bin, diesen großen Menschen zu heiraten. Seht, wie schön er ist und wie freundlich. Wie glücklich ich bin!» Und der zukünftige Ehemann, als ob er ihre Gedanken lesen könnte, erwiderte alle Blicke und schürte das Feuer mit einem viel größeren Feuer.

Während der Feierlichkeiten rief er sie einmal an seine Seite und überhäufte sie mit Geschenken. Eines bestand aus drei Kleidern*, die übereinander paßten. Das äußere Kleid war eine prächtige, lange Robe aus schwerem rotem Brokat. Es war reichlich bestickt mit goldenen und silbernen Fäden, mit Perlen und kostbaren Steinen. Das zweite war ein einfacheres Kleid aus weichem, grauem Satin. Es war auch lang und sah kostbar aus, aber es hatte keine Verzierungen. Das dritte, das innerste Kleid, war ein schlichtes, kurzes

* *Eine christliche Quelle: Johannes vom Kreuz erwähnte drei einander gleichende Kleider als Symbole für die göttlichen Eigenschaften von Glaube, Hoffnung und Liebe. Das rote Kleid stellt die Liebe dar.*

Seidenhemd von blendendem Weiß. Nachdem sie die Kleider angezogen hatte und wieder zögernd vor ihm erschien, füllte er ihre Arme mit reifen Früchten und lachte in ihre Augen. «Ich glaube, daß du jetzt alles hast, was du brauchst», sagte er fröhlich. Dann wurde die kleine zukünftige Braut berauscht, sie floß vor Liebe und Freude über, und das Feuer in ihr wuchs und wuchs. «Ich möchte nur noch bei ihm sein», dachte sie sich inbrünstig. «Alles, was ich in der Welt haben möchte, ist, für immer bei ihm zu sein.» Und sie tanzte vor Freude vor ihm.

Es war eine sehr beglückende Zeit.

Dann dachte die zukünftige Braut bei sich: «Er hat aber nichts über unsere Hochzeitspläne gesagt, wann wird sie stattfinden?» Und sie zupfte an seinem Ärmel und murmelte: «... und unsere Hochzeit?» Er antwortete: «Bald, sehr bald werde ich in deiner Nähe sein.» Mit dieser unklaren Antwort mußte die zukünftige Braut zufrieden sein.

Er war in ihrer Nähe; sie sah ihn von Zeit zu Zeit, und jedesmal, wenn sie bei ihm war, entfachten seine Blicke das Feuer noch mehr. Aber die Zeit der Trennung wurde immer schmerzvoller für die zukünftige Braut, und sie sehnte sich nach einem endgültigen Wort über ihre Heirat.

Als sie wieder zusammen waren und sie über die Länge ihrer Trennung weinte, nahm er sie auf seinen Schoß und tröstete sie wie ein kleines Kind. Er sagte ihr: «Es gibt einen Weg, um die ganze Zeit bei mir zu sein, wenn du es wirklich willst. Es gibt eine Geheimtreppe zu meiner Wohnstätte. Wenn du wirklich immer bei mir sein willst, steige die Treppe hinauf. Sie ist hundert Stufen hoch und sehr, sehr schmal. Du mußt alles zurücklassen und den ganzen Weg nach oben hinaufgehen, ohne einmal an etwas anderes als an mich zu denken.» Er strich ihr über das Haar und lächelte auf sie herab, und sein Gesicht strahlte dabei vor Liebe. «Ich warte dort auf dich», sagte er, «dessen kannst du sicher sein.»

Sie hörte seine Worte, schenkte ihnen aber nicht ausreichend Beachtung: es war für sie genug, daß sie wieder eine Weile bei ihm war und daß das Feuer in ihr immer größer wurde.

Er war in ihrer Nähe; sie sahen einander mehr oder weniger häufig, und eines Tages, ohne jede vorherige Benachrichtigung, erhielt die zukünftige Braut die Meldung, daß ihr Geliebter plötzlich heimgegangen war.

Sie war ihrer Hoffnung beraubt, sie war untröstlich. Sie konnte weder essen noch schlafen, sie weinte fortwährend. Es schien ihr, daß alles Licht verloschen war, das ganze Leben keinen Sinn mehr hatte. Konnte es sein, daß er sie nach allem doch nicht heiraten wollte, fragte sie sich. Nein, nein, die Erinnerung an seine zahllosen strahlenden Blicke und all seine liebevolle Fürsorge bestätigte ihr, daß das nicht wahr sein konnte. Nun gut, konnte es denn sein, daß er dachte, ihr sei nicht genug daran gelegen, ihn zu heiraten? Dieser Gedanke war ihr noch schmerzlicher als der erste.

Eine Zeitlang ging sie mit gebrochenem Herzen in dieser traurigen Welt umher und fragte sich, wo die Wohnstatt ihres Geliebten sei und wie sie ihm möglicherweise dorthin folgen könne. Eines Tages schließlich erinnerte sie sich in all ihrer Not und Einsamkeit, was er ihr damals gesagt hatte, als er sie wie ein kleines Kind gehalten und getröstet hatte. Es kam ihr zum Bewußtsein, daß er ihr das gleiche zu anderen Zeiten auch gesagt hatte, aber sie war vergeßlich, so vergeßlich gewesen. Es gab eine Treppe, hundert Stufen hoch, sehr schmal... , wenn sie ihn sehen wollte, müßte sie die ganze Treppe hochsteigen und an nichts anderes als an ihn denken... Die ganze Zeit, wo er in der Nähe war, hatte sie so bei ihm sein können, aber es schien ihr damals nicht so von Bedeutung. Nun aber, wo es keinen anderen Weg gab, ihn zu sehen...

Sie setzte sich sehr, sehr ruhig hin und plötzlich sah sie durch ihre Tränen die Treppe. Ja, sie war sehr schmal, und sie war sehr steil; sie konnte ihre oberste Stufe nicht wahrnehmen. Doch die Erinnerung an ihres Geliebten Blicke ergriff sie und ließ sie nicht los, und das Feuer in ihr brannte und brannte. Sie dachte sich zum millionsten Mal: «Alles, was ich will, ist, bei ihm zu sein; alles, was ich in der Welt will, ist, für immer bei ihm zu sein.» Und sie begann emporzusteigen.

Es war nicht leicht. Tatsächlich war es das Schwierigste, was sie jemals in Angriff genommen hatte. Ihr wurde klar, daß bei all ihrer Liebe sich andere Dinge